Inhalt

HOUSE
MANAGER

VORWORT

Im Zeitalter der Einzimmerwohnungen, der Mikrowelle und des Jobsharings nimmt die Anzahl von Hausmännern und solchen, die sich dafür halten, immer mehr zu. Das Statistische Bundesamt ermittelte 1992 einen Anteil von rund 10 Prozent Hausmännern, gemessen am Gesamtmännerbestand in der Bundesrepublik, wobei die fünf neuen Bundesländer noch etwas hinterherhinken.

Hausmänner bezeichnen sich im allgemeinen nicht als solche, die Assoziation zu Pantoffelhelden stört sie nämlich enorm, außerdem bevorzugen Männer in der Regel kompliziertere Begriffe für einfache Sachverhalte. So nennen sie sich lieber „Selfmade-Organisator", „Küchen-Wirt", „Raumpflege-Manager" oder „Hausstands-Koordinator"! Diese verwirrende Vielfalt an Fachbezeichnungen wollen wir in diesem Buch allerdings nicht weiterverfolgen. Wir bleiben hier ganz einfach beim Wort „Hausmann".

Ob nun Single, verlassener Ehemann oder Mann mit arbeitender Frau und drei Kindern, keinem ist die Haushaltsführung in die Wiege gelegt worden. Sie ist nun mal keine Instinkthandlung, wie zum Beispiel bei Greifvögeln, die nach dem Schlüpfen nicht ein einziges Mal ins Nest kacken, sondern sich mit dem Hinterteil weit hinauslehnen. Daß dabei der eine oder andere Vogel abstürzt, ist halt wie im richtigen Leben.

Wie schwer einem Hausmann seine Rolle fällt, das hängt vom persönlichen Engagement, der Begeisterungsfähigkeit und dem Improvisationstalent ab. Männer wären allerdings keine Männer, wenn sie auch nur irgend etwas dem Zufall überließen. Folglich muß die Rolle des Hausmanns gründlich erlernt werden. Und dabei wollen wir nun tatkräftige Unterstützung leisten.

WIE WIRD MAN HAUSMANN, ODER: WIE KONNTE ES DAZU KOMMEN?

Die Freiwilligen

Von der Emanzipation der Frau enttäuscht, zieht es so manchen Mann in den eigenen Haushalt, getreu dem Motto: Eigener Herd ist Goldes wert.

Entweder man heiratet erst gar nicht und bleibt ewiger Junggeselle, oder man hat nach einer gewissen Zeit der Bevormundung durch seine Frau die Nase voll, packt seine sieben Sachen und zieht aus. Warum mußte sie auch ständig die Eier zu hart kochen oder einem immerfort in der Küche im Weg stehen, wenn man sich schon mal bereit erklärte, das sonntägliche Menü selbst zuzubereiten? Nichts ist einem Hausmann so zuwider wie eine Ehefrau, die sich andauernd in seine Sachen einmischt und behauptet, es besser zu können. Soll sie lieber Geld verdienen gehen, statt ihn beim Strümpfe sortieren zu stören, indem sie ihm ständig über die Schulter schaut.

Das soll jetzt natürlich nicht heißen, es gäbe keine glücklichen Verbindungen zwischen einem Hausmann und einer emanzipierten Frau. Diese sind meist sogar glücklicher miteinander als andere, zumindest dann, wenn die Frau ihren Männe machen läßt und ihm aus lauter Mißtrauen nicht immer dazwischen pfuscht. Doch das scheint vielen Frauen schwerzufallen, denn die Scheidungsrate ist bei verheirateten Hausmännern überdurchschnittlich hoch.

Oft sind es reine Sachzwänge, die einen verheirateten Mann zum Hausmann werden lassen. Etwa, wenn die holde Gattin mit ihrer Telefonakquisition weit mehr verdient als der Mann in seinem Job als Sachbearbeiter. Da nun mal einer die Hausarbeit machen muß, muß ein Freiwilliger vor, der aufgrund des Machtgefälles in Doppelverdienerehen automatisch der Mann ist.

Wie wir allerdings noch sehen werden, entspricht die Hausarbeit mit ihren vielen, dennoch allesamt wichtigen Details wesentlich stärker der Natur des Mannes als der der Frau. Im Haushalt kann

man sich beweisen. Nirgends ist mehr Improvisationstalent gefordert als beim Backen ohne Rezept, mehr Intelligenz als beim Überkochen des Grießbreis und mehr Geduld als beim Aufsammeln aller Legosteine des widerspenstigen Stammhalters. Alles Situationen, in denen sich Männer ohnehin überlegen fühlen.

Die „Kitchen-Trophy-Tour“ einer großen Zigarettenmarke wäre

gerade die richtige Herausforderung für den Freiwilligen. Was ist schon das Überleben im Regenwald gegen einmal Abwasch ohne Bruch! Und fürs Putzen sind Frauen eh zu schwach. Männer können dabei ihre gepflegten Muskeln spielen lassen. Durch Scheuern zum Mister Universum! Jeder Hausmann träumt davon.

Die Unfreiwilligen

Leider gibt es unter Hausmännern auch solche, die alles andere als glücklich über ihre Lage sind und sie sich schon gar nicht selbst ausgesucht haben. Die unfreiwilligen Hausmänner sind die Spezies Mann, die noch nie einen Knopf selber angenäht hat, geschweige denn überhaupt weiß, daß man dazu Nadel und Faden benötigt. Im Beruf haben sie es zwar weit gebracht, stehen aber mit jedweder Hausarbeit auf Kriegsfuß. Eigentlich bestand auch nie eine Notwendigkeit, sich näher damit zu befassen, da sie immer von der Mutter oder Ehefrau versorgt wurden.

Nachdem die erste Freundin es nach zwei Wochen nicht mehr ausgehalten hatte, die Hemden zu bügeln und immer alleine abzuwaschen, zog man eben wieder zur Mutter. Sie liebte es schon immer, sich für ihren mittlerweile dreißigjährigen Sohnemann aufzuopfern. Schließlich kann es aber auch der besten Mutter einmal zu bunt werden, und man findet sich mir nichts, dir nichts vor der Tür wieder.

„Du mußt lernen, endlich auf eigenen Füßen zu stehen", der Sinn dieses Satzes will dem nun unfreiwilligen Hausmann einfach nicht einleuchten, denn genaugenommen kann er ja schon seit seinem zweiten Lebensjahr auf den eigenen Füßen stehen.

Nun hat er zwar seine eigene Wohnung und ist am ersten Tag noch ganz optimistisch, daß es irgendwie schon gehen wird, aber in der Folge wird ihm schlagartig bewußt, daß ihm für das Überleben im Haushaltsdschungel jedes Grundwissen fehlt.

Überlebenstips für Anfänger

Sollten Sie völlig unbeabsichtigt und überraschend den Status eines Hausmanns erlangt haben, so ergeben sich für viele Männer ernste Probleme, die dem weiteren Überleben im Wege stehen. Wenn sie plötzlich aus dem üblichen männlichen Dasein herausgerissen wurden, haben es viele in den ersten Tagen und Wochen sehr schwer.

Noch nie haben sie für sich selber sorgen müssen. Man hat zwar seine Brötchen selber verdient, aber gekauft und geschmiert haben sie andere. Im Kindesalter die Mama, die einen stets rührend umsorgte, dann die Ehefrau, die fast unbemerkt die Mutterrolle übernahm und ihrem kleinen Schatzi jede Socke hinterherräumte.

Plötzlich aber steht so ein Mann vor der Entscheidung, entweder den Hungertod zu sterben, im Dreck der Wohnung zu ersticken oder selber das Heft in die Hand zu nehmen und Hausmann zu werden. Fast alle Männer werden sich für letzteres entscheiden.

Das dringendste Problem, dem sich der frischgebackene Hausmann gegenüber sieht, ist: wie sichere ich mein kurzfristiges Überleben, sprich, wo bekomme ich etwas zu essen her?

Da gibt es mehrere Möglichkeiten. Vielleicht haben Sie mit Ihrer Freundin oder Ehefrau schon einmal ein Restaurant besucht. Da gibt es gegen Geld bekanntlich Speisen. Doch geht man einmal davon aus, daß das Geld nicht so locker sitzt, dann müssen Sie selbst aktiv werden. Das Kaufhausrestaurant und die Imbißbuden hat man schnell über, außerdem ist ihr Besuch mit gesundheitlichen Risiken verbunden.

Früher war das alles noch ganz einfach. Man ging in den Wald und jagte einen Hasen, ein Wildschwein oder einen Bären. Der seßhaftere Teil unter unseren Vorfahren sammelte Beeren, Kräuter und Pilze. Mittlerweile sind diese Nahrungsquellen in deutschen Großstädten rar geworden, und die Reaktion der Mitmenschen, wenn Sie im Stadtpark eine Ente jagen, kann einem wirklich die Stimmung verderben. Eine Ernährungsstrategie, die den Zwischenhandel ausläßt, ist in unseren Breiten heute nicht mehr durchzuhalten.

Letztlich bleibt Ihnen also nur der Gang in den Supermarkt. Ein an sich bekannter Ort, denn Zigaretten, Bier und den Playboy kaufte man sich hier gelegentlich schon früher. Geht es aber um Grundnahrungsmittel, wird die Wahl schon schwieriger.

Auf keinen Fall sollten Sie als Anfänger versuchen, aus frischen Lebensmitteln wie Fleisch, Fisch, Kartoffeln oder Gemüse ein Gericht zuzubereiten. Für den Anfang empfehle ich dem frischgebakkenen Hausmann Fertiggerichte. Leider neigen ja gerade Laien zur Selbstüberschätzung, weshalb im ersten Stadium eines werdenden Hausmanns Lebensmittelvergiftungen und Wohnungsbrände häufiger vorkommen.

Fertiggerichte hingegen sind völlig risikolos. Die Nährstoffe, soweit vorhanden, sind ausgewogen verteilt, der optische Eindruck ist, zumindest auf der Verpackung, appetitanregend. Bei der Zubereitung gibt es allerdings einiges zu beachten: Versuchen Sie niemals, eine Tiefkühlpizza im Toaster aufzuwärmen und entfernen Sie die Pappschachtel vom Rinderbraten, bevor Sie ihn in die Mikrowelle schieben.

Haben Sie die Spielregeln einmal heraus, dann geht das Zubereiten von Fertiggerichten locker und schnell von der Hand. Verhungern werden Sie jedenfalls nicht mehr.

Sollten weitere Familienangehörige zu versorgen sein, so sind zusätzliche Organisationsprobleme zu lösen. Will der Hausmann sich nicht zum Sklaven seiner Arbeit machen, ist Arbeitsteilung auch auf diesem Tätigkeitsfeld das oberste Gebot. Nutzen Sie die Qualifikationen Ihrer Kinder und lenken Sie ihre Aufmerksamkeit mit spielerischen Mitteln auf die wesentlichen Dinge des heimischen Alltags.

Von Ihren bitteren Niederlagen beim Memory schon gegen Ihre vierjährige Tochter wissen Sie, daß Kindern das Verarbeiten von Bildinformationen viel leichter fällt als Ihnen. Das sollten Sie an den Waschtagen beim systematischen Befüllen der Waschmaschine nutzen. Bringen Sie den Kindern die Waschprogramme in Form kleiner Liedchen bei und überlassen Sie Ihnen das verantwortungsvolle und schnelle Sortieren der Wäschemengen.

Haben Sie mehrere Kinder, können sie kleine Wettbewerbe veranstalten: Ein Kind sortiert die Wäsche, ein anderes putzt die Schuhe, ein drittes kümmert sich um die Zimmerpflanzen, und wer zuerst mit seiner Aufgabe fertig ist, darf Ihnen einen Kaffee kochen und sich einen Kakao.

Aber greifen wir nicht zu weit vor. Den Neuling stellt zum Beispiel die Hygiene zunächst einmal vor grundsätzliche Überlegungen. Wer jeden Tag sein Hemd wechselt, steht eines Tages buchstäblich vor seinem letzten Hemd.

Haben Sie eine eigene Waschmaschine, verfügen Sie über genügend Kenntnisse, um sie zu bedienen, und ist auch Waschmittel vorhanden, so könnten Sie Ihr Problem im eigenen Hause zu lösen versuchen.

Aber Achtung: Nach dem Waschen kommt das Trocknen (WANN, WIE und WO aufhängen?), und nach dem Trocknen kommt das Bügeln (WOMIT und WORAUF bügeln?). Wenn sie hier nicht völlig firm und perfekt ausgestattet sind, empfiehlt es sich doch wohl eher, einen öffentlichen Waschsalon aufzusuchen. Dort können Sie zuerst einmal unbeteiligt tun und andere Hausmänner dabei beobachten, wie man die Maschinen richtig bedient und welches Waschpulver die meisten verwenden.

Haben Sie Ihre Erfahrungen gemacht, können Sie sich selber den ersten Waschgang zutrauen. Bei kleinen Pannen sind die anwesenden Hausmänner sicher stets hilfsbereit und trösten Sie über die eingelaufenen Hemden gern hinweg.

Die 2. Phase, der Schritt zur Perfektion

Wenn Sie die ersten Wochen und Monate überwunden haben und nicht wieder zu Ihrer Mutter gezogen sind, dann kann die zweite

Phase beginnen. Nicht mehr das pure Überleben ist die Maxime, sondern nun kann der typische Mann seinen unwiderstehlichen Drang zur Perfektion ausleben. Denn merke: Nichts läßt sich besser perfektionieren als ein Haushalt. Egal, ob Sie ihn gewöhnlich allein beleben oder ob er Angehörige aus mehreren Generationen hat.

All die nebensächlichen Dinge, wie das Wechselgeld, welches man komischerweise fast immer nur in Pfennigstücken erhält, die Plazierung des Schwamms für den Abwasch oder der richtige Standort für den Mülleimer, sind für einen Hausmann elementare Organisationsfragen. Nicht, daß sie unlösbare Probleme aufwerfen, im Gegenteil. Der Hausmann stürzt sich geradezu darauf und geht mit der Akribie eines Kaufhausdetektivs im ersten Lehrjahr vor, um diese alltäglichen Kleinigkeiten zu meistern.

Im Falle des Wechselgeldes ist es relativ einfach. Da der Hausmann in der Perfektionsphase die Erkenntnis gewinnt, daß es besser ist, nicht jeden Tag nur ein bißchen einzukaufen, sondern statt dessen einmal in der Woche viel, reduziert sich durch die seltener werdenden Einkäufe der Wechselgeldbetrag automatisch.

Viele Hausmänner bevorzugen allerdings frische Lebensmittel und sagen sich deshalb: Perfektion JA – altbackenes Plastikbrot NEIN, was die Wechselgeldproblematik nach wie vor *nicht* löst.

Entweder macht man es sich leicht und rundet jeden Betrag bis zur nächsthöheren runden Summe auf, die man dann mit einem „der Rest ist für Sie“ lässig der verdutzten Kassiererin überreicht, oder aber man führt stets einen großen Beutel mit sich, in den die vielen Pfennige hineinkommen. Zuhause steht selbstverständlich ein großes Einmachglas, in dem die Münzen deponiert werden.

Ist es irgendwann einmal voll, nimmt der Hausmann selbstredend Rache und geht mit dem Glas unter dem Arm in Begleitung aller Kinder aus der Nachbarschaft einkaufen. Achtung, auch auf diesem Gebiet macht nur die Übung den Meister. Es soll schon vorgekommen sein, daß ein Hausmann doch einen Hundertmarkschein über den Tresen gereicht hat, weil im Pfennigglas zwei Pfennig am vollen Rechnungsbetrag von 95,89 DM fehlten.

Die Plazierung des Mülleimers ist eine ungleich schwierigere Aufgabe, da sie gleichermaßen die organisatorische wie die soziale Kompetenz des Hausmanns herausfordert.

Meist geht der eigentlichen Lösung eine Langzeituntersuchung voraus, bei der die Bewegungsabläufe in der Küche, die Laufwege, die Hantierungen beim Kochen, Backen, Naschen, Abwaschen, Imbiß zubereiten und Mal-heimlich-eine-rauchen-gehen genauestens auf einem Küchenplan (am besten 1 : 10) aufgezeichnet und mit Häufigkeitsmarken versehen werden.

Ein Bekannter, der im Stadtplanungsamt arbeitet und schon verschiedentlich Verkehrszählungen betreut hat, kann gute Tips geben und stellt womöglich eine PC-Software zur Verfügung.

Nach einer vier- bis sechsmonatigen Erfassungsphase beginnt jedenfalls der Beta-Test: In einem zeitlich begrenzten Versuch wird der Mülleimer links neben der Spüle aufgestellt. Im Sommerurlaub studiert der Hausstands-Organisator dann Standardwerke über „Methoden zur Ermittlung von Arbeitszufriedenheit und Effektivität", um nach einer Befragungsphase und unter Einschluß der Beteiligung aller Betroffenen die endgültige Plazierung des Behälters festlegen zu können.

Natürlich sind das nur die Anfänge eines perfekten Haushalts, die ihre Krönung keineswegs schon darin finden, daß morgens, wenn der Wecker klingelt, der Kaffee automatisch gekocht wird, die Toastbrote einem knusprig braun entgegenspringen und die Eier auf ihre Abschreckung warten.

Der Hausmann von heute hat sich weitaus komplexeren Anforderungen zu stellen; er ist nicht nur Wäscher, Bäcker, Koch und Botengänger, Putzmann, Kinderpfleger, Installateur und Wertstoff-Entsorger, er ist auch Sozialforscher, Therapeut, Gerätewart und Illusionist.

Wie alles anfing

Wenn Sie als moderner Hausmann, bis an den Rand Ihrer Leistungsfähigkeit gefordert, neben Ihrem Wäschestapel am Bügelbrett stehen und Ihre Partnerin mit berechtigter Ungeduld androht, daß sie eine nochmalige Verschiebung des vereinbarten Kinobesuchs nicht hinnehmen wolle, dann wirkt es meist beruhigend, der großen Vorbilder zu gedenken, die den Hausmannsstand einst aufblühen ließen.

Es begann alles in Elis, in jener Zeit Griechenlands, als noch jedes Dorf seinen eigenen König hatte. Der König von Elis hieß Augeias, und der war durch seinen Viehbestand der reichste Mann seiner Zeit. Allein sein Bestand an Zuchtbullen belief sich auf dreihundert weißfüßige schwarze, zweihundert rote und zwölf silberweiße Bullen.

Alle Rinder des Augeias waren in einem riesigen Stall untergebracht, und darüber hinaus gab es noch eine große Zahl von Schafen, die auch in Ställen untergebracht waren.

Alle diese Ställe waren schon jahrelang nicht ausgemistet worden, die Gülle hatte alle Weiden im Tal von Elis absaufen lassen, und ihr Geruch verbreitete eine Pestilenz über dem ganzen Peloponnes.

Herakles (die Römer nannten ihn später Hercules), Sohn des Göttervaters Zeus und der Alkmene, einer bürgerlichen Frau (wie wir heute sagen würden), bekam die Aufgabe gestellt, die verschmutzten Ställe an einem Tag zu reinigen. Er selbst legte noch zu und schloß über diese Arbeit eine Wette mit Augeias ab, die ihm im Erfolgsfall ein Zehntel des Viehs sicherte.

Nun war ganz Elis gespannt, wie Herakles die Aufgabe lösen würde. Das traditionelle Verfahren, das jeder Haussklave anwandte, bestand darin, den Mist in Körbe zu füllen und Portion für Portion auf den Schultern wegzutragen.

Herakles jedoch reagierte mit Übersicht und Kombinationsvermögen, ganz wie ein perfekter moderner Hausmann: Er brach zunächst zwei Lücken in die Mauer, die den Hof des Augeias umgab.

Dann leitete er die benachbarten Flüsse Alpheus und Menios derart um, daß ihr Wasser durch den Hof stürzte und ihn reinschwemmte.

Den Rest des Tages beschäftigte er sich mit kleineren Aufräumungsarbeiten in den Schafställen und auf dem Weideland im Tal. So vollendete er die ganze Arbeit an einem Tag, ohne sich die Hände zu beschmutzen.

Fast ein wenig typisch für das Schicksal von Hausmännern mit guten Ideen ist das Ende der Geschichte Herakles – Augeias. Der König wollte nämlich plötzlich von einer Wette nichts mehr wissen und kam dem Spruch eines Schiedsgerichts durch die diktatorisch ausgesprochene Verbannung von Herakles aus Elis zuvor.

So ist es seitdem vielen Hausmännern ergangen; oftmals finden ihre Leistungen nicht die verdiente Anerkennung. Dem Urahn der Hausmänner hat aber eine deutsche Haushaltsgerätefirma durch eine seit vielen Jahrzehnten erfolgreiche Serie ein Denkmal gesetzt: Mit dem Hercules-Staubsauger in der Hand lösten schon Ihr Vater oder Ihr Großvater die unglaublichsten Aufgaben im eigenen Heim.

Hausmänner sind bessere Menschen

Im industrialisierten westlichen Kulturraum nimmt die Zahl arbeitender Frauen stetig zu. Das ist an und für sich nichts Besonderes, sondern sogar etwas Wünschenswertes, aber gleichzeitig verlieren die Rollen der Geschlechter immer mehr an Kontur.

Da sieht man Männer im Park spazierengehen, mit bunten Sportwagen, in denen keine Pferdestärken ihr Unwesen treiben, sondern Säuglinge wohlverpackt vor sich hin dösen. Treffen zwei oder mehrere solcher Kinderwagenschieber aufeinander, wird natürlich in alter männlicher Manier gefachsimpelt.

Der eine weiß zu berichten, wie sich der Lego-Kran-Set mit stärkeren Elektromotoren tunen läßt, ein anderer hat ein neues Such- und Aufräumsystem für sämtliche Spielsachen und Haushaltsgegenstände entwickelt, und ein dritter experimentiert seit Wochen erfolgreich mit einer neuen Breimischung, bei der nichts mehr unangenehm riecht, auch wenn noch so viel in die Hose geht.

Auffällig ist in jedem Fall die Ruhe, die solche Männer ausstrahlen. Während sich normalerweise in Gesprächsrunden beim Wort „Mann“ die Muskeln der Geschlechtsgenossen straffen und der Adrenalinspiegel steigt, weil instinktiv eine Bedrohung für das Revier und das Weibchen erahnt wird, so ist beim Wort „Hausmann“ nichts mehr davon zu spüren. Im Gegenteil, die Züge glätten sich, und ein zufriedenes Lächeln demonstriert absolute Friedfertigkeit.

Der Hausmann ist mehr und mehr eine Verkörperung des legendenumwobenen „dritten Geschlechts“, in dem sich alle Vorzüge der beiden traditionellen Geschlechter vereinigen, während alle negativen Eigenarten zurückbleiben.

Welch ein Unterschied zu den gehetzten Managern, die schon mit 35 Jahren ihren ersten Herzinfarkt hinter sich gebracht haben, die nicht einmal wissen, wie man Kartoffeln kocht, statt dessen aber in der Firma Hunderte von Arbeitsplätzen wegrationalisieren und viele Familien ins Unglück stürzen. Kommen sie nach Hause, setzen sie sich vor den Fernseher, brüllen nach dem Essen und schlafen nach der Tagesschau vor Erschöpfung ein. Vor kurzem noch als die wahren Männer bezeichnet, vermodert diese Abart der Männlichkeit bald in der Küchenkompostkiste der Geschichte.

Hausmänner sind es, die den Auftrag der Zivilisation einlösen: die Welt dauerhaft zu einem angenehmen Ort zu machen, an dem es sich zu leben lohnt.

DER HAUSHALT, DAS UNBEKANNTE TERRAIN

Die Küche

Der zentrale Ort eines jeden Haushalts ist die Küche. Das war schon so, als sich dort noch Hausfrauen versammelten und ist heute bei Papa, Onkel und Kind nicht anders. In der Küche kann man sich richtig ausleben, hier wird gekocht, gegessen und abgewaschen, kurz: genußvoll geschafft. Die Wohnung der Singles unter den Hausmännern besteht sogar oft nur aus Schlafzimmer und Küche, in der sich dann das alltägliche Leben abspielt. So ein wichtiger Raum will natürlich sorgfältig erkundet werden.

Auf diesem unbekannten Terrain lauern, wie der Hausmann weiß, viele Gefahren, weshalb jedes Küchengerät und besonders der Elektroherd mit gehörigem Respekt untersucht wird. Natürlich liegt in irgendeiner Schublade, unter dem Besteckkasten, die Gebrauchsanweisung. Etwas aber ist jedem Mann angeboren. Und das ist sein Stolz.

Niemals würde er seine Frau um Rat fragen, wenn er den Ofen nicht ankriegt oder wenn die Spaghetti in der Mikrowelle nicht weich werden wollen. Lieber macht er seine eigenen Erfahrungen, denn Rückschläge bringen einen Mann langfristig schneller nach vorn als kurzfristiger Erfolg.

In mancher Not kann da schon mal die alte Heimwerkstatt herhalten. Wie sollte man auch anders das steinharte selbstgebackene Brot zerschneiden als mit der Stichsäge; wie sonst das argentinische Hüftsteak zartklopfen als mit einem 24er Maulschlüssel?

Mit der Zeit spielt sich auch bei einem unerfahrenen Hausmann jeder Handgriff ein und das Feuchtwerden der Hände beim Betreten der Küche läßt nach. Ist dieses Stadium erreicht, bilden sich schnell zwei unterschiedliche Typen heraus: Solche die peinliche Ordnung in ihrem Heiligtum Küche halten – denn wer will schon beim Kochen jedes Messer in einer anderen Schublade suchen, die Töpfe in der Waschmaschine, das Trockentuch hinterm Kühlschrank – und solche, denen jeglicher Bezug zur Küche als Kultstätte fehlt, denn wer möchte bestreiten, daß im Chaos eine gewisse wissenschaftliche Brisanz steckt?

Schon Albert Einstein versuchte vergeblich in seiner Küche Ordnung zu halten, was er als Beweis für die Thermodynamik ansah.

Was einem Einstein nicht gelang, meinen letztere also gar nicht erst versuchen zu müssen. Sie lassen lieber alles so liegen, wie es eben gerade liegt. Dann besteht wenigstens keine Gefahr, daß man etwas verlegt und anschließend nicht wiederfindet. Die Essensreste auf dem Fußboden treten sich früher oder später ohnehin fest und geben so dem empfindlichen PVC einen gewissen Schutzfilm.

Messer und Gabeln stapeln sich in ordentlichen Küchen stets in sauberen Besteckkästen. Nicht so in der thermodynamisch durchgestylten Küche: Dort liegen sie wild durcheinander auf dem Tisch, und jeder nimmt sich während des Essens das Besteck, das er gerade braucht.

Mit der Zeit empfindet aber wohl jeder Hausmann ähnliche Gefühle für seine Küche wie andere Männer für ihr Auto: Mit Glanzlotion und Hartwachs erstrahlt jede Küche selbst nach den wildesten Fondueorgien wieder in alter Pracht.

Die Nachbarn waschen jeden Samstag ihren Benz? Kein Problem! Hausmänner haben zwar keinen, den hat nämlich die Frau mitgenommen, aber dafür blieb ihnen eben die Küche.

Das Bad

Beim Betreten eines Badezimmers werden in vielen Hausmännern unangenehme Erinnerungen wach. Die gekachelten Wände, der künstliche Wohlgeruch, die sterile Sauberkeit – ein krasser Gegensatz zu Outfit und Bedürfnis eines echten Jungen, der sich am liebsten stundenlange Fußballgefechte auf einem Matschplatz liefert. Mit dem allabendlichen Duschen und Zähneputzen waren Freiheit und Abenteuer dahin, und es fand die Unterwerfung unter die Kultur statt, die aus dem Kulturbeutel kam.

Aus der Kindheit des Hausmannes mag es herrühren, daß er kein Zimmer in der Wohnung so gerne als Experimentierraum benutzt wie das Badezimmer. Das zeigen schon die unendlich vielen Dübellöcher in den Kacheln. Der Herr aller Bohrer muß alles einmal ausprobieren. Wehe, wenn die Zahnbürsten sich nicht in Reih' und Glied an der ausgeklügelt angebrachten Magnetleiste befinden, sondern in einem ordinären Wasserglas! Dann wird die Familie zusammengerufen und einer Nachschulung unterzogen, die sich gewaschen hat.

Ein Badezimmer braucht eine gewisse Grundausstattung, damit sie für einen Hausmann akzeptabel ist. Einfacher Schnickschnack, wie das mit dem Lichtschalter gekoppelte Radio, reicht da lange nicht aus. Mit Findigkeit und Gründlichkeit wird eine Spezialfirma aufgespürt, die eine mit einem Bewegungssensor gekoppelte Dusche liefert.

Dummerweise wird versäumt, Ehefrau und Kinder rechtzeitig einzuweihen. Am nächsten Morgen tönen dann Schreckensschreie und tödliche Drohungen aus dem Bad, wenn beim unschuldigen Betreten der Duschkabine der harte, eiskalte Strahl auf den Körper der noch verschlafenen Gattin prasselt.

Das Schlafzimmer

Der Mensch verbringt ein Drittel seines Lebens im Bett, also anzunehmenderweise auch in einem Schlafzimmer. Generationen von Hausstaubmilben verbringen 100 Prozent ihres Lebens ebenfalls in Ihrem Schlafzimmer. Weil Hausstaubmilben so klein sind, daß wir sie mit bloßem Auge nicht erkennen können, ist ihre Bekämpfung noch schwieriger als zum Beispiel die von Tauben, die sich regelmäßig auf Ihrem Hausdach niederlassen und auf die Eingangstreppe hinunterscheißen. Natürliche Feinde der Hausstaubmilben, wie zum Beispiel Marienkäfer, sind als Partner unzuverlässig, so daß uns nichts anderes übrig bleibt, als im Lebensraum Schlafzimmer einige grundlegende Vorbeugungsmaßnahmen zu treffen.

Die Milbe liebt es staubig und feucht; wir brauchen also einen staubfreien und trockenen Raum. Staubsaugen und lüften heißt die Devise. Damit das regelmäßig geschieht, hilft nur eins: Diktatur. Unkooperative Mitbewohner werden von Commodore Frischluft von der Nachtischzufuhr ausgeschlossen, das ist die Mindeststrafe.

Oft reicht schon eine Abbildung einer tausendfach vergrößerten Hausstaubmilbe, die Sie zwischen die Seiten der Fernsehzeitschrift schmuggeln, um für mehrere Wochen Diensteifer und sogar außerplanmäßige Bemühungen wachzurufen.

Nun gibt es nicht nur unerwünschte Mitbewohner in Ihrem Schlafzimmer. Sie selbst und die Personen, mit denen Sie es ständig oder gelegentlich teilen, möchten in diesem Raum eine möglichst

angenehme Zeit verbringen. Sie müssen also Kompromisse eingehen zwischen Milbenfreiheit und Lebensqualität.

Ein rundum gekachelter Raum mit Fußbodenheizung, spezielle Schaumstoffmatratzen und Plastikbettwäsche garantieren zwar bei täglicher gründlicher Reinigung einigermaßen sicher, daß Sie alleine in Ihrem Schlafzimmer sind, aber wahrscheinlich auch, daß Sie allein darin bleiben werden, selbst wenn Ihnen der Sinn nach Zweisamkeit steht.

Machen Sie sich deshalb immer wieder Gedanken über eine möglichst funktionale Einrichtung dieses Zimmers. Daß der Teppichboden, vor allem unter dem Bett, verschwinden muß, ist eine Grundbedingung. Glasierte Terracotta-Bausteine sind hochprozentig milbenabweisend, insofern sehr zu empfehlen. Ist keine Fußbodenheizung eingebaut, ergibt sich allerdings das Problem der ersten morgendlichen Bodenberührung mit nackten Füßen.

Probieren Sie es mit einer Fußmassagematte aus Holzkügelchen! Solange Sie sich nichts brechen, können Sie damit der Milbenbrut ein Schnippchen schlagen. Halten Sie Ihre Familie zu regelmäßiger Gymnastik an, damit sie dieses Glücksgefühl möglichst lange genießen kann.

Ein sommer- und wintertaugliches Schlafzimmer braucht eine vernünftige Abdunkelung. Rolläden, Fensterläden, Jalousien und Rollos, feste dunkle Gardinen oder Jalousetten – in genau dieser Reihenfolge! – schaffen den Schlafbedürftigen den notwendigen optischen Schutzraum.

Heikel wird nur wieder die Reinigung dieser Installationen. Rationell denkende Hausmänner versuchen alles, um die Abdunkelung nach draußen zu verlagern (Rolladen oder Fensterladen). Damit sparen sie sich viel Kopfzerbrechen und noch mehr tatsächliche Arbeit.

Angesichts der durch das herrschende Design bestimmten Schlafzimmermöbelgestaltung – und das Design bestimmt beim Käufer das Bewußtsein –, ist das mit mehreren Schubladen ausgestattete Nachtschränkchen unserer Großeltern fast völlig außer Verkehr gekommen.

Glatte Ablageflächen bestimmen die Szene, eine Einladung für dutzende von Staubfängern auf jeder Bettseite, und oft auch noch den ganzen Kopfbereich entlang. *Back to the roots!* heißt hier die Parole des praktisch denkenden Hausmannes: Außer dem Radiowecker muß nichts an der Oberfläche bleiben, mit einer Handbewegung lassen sich Brille, Salben, Taschentücher, Ringe, Armbanduhren, Medikamente und viele andere Dinge genußvoll in die Schublade fegen. Damit wird das ansonsten für Kinder selbstverständlich zur Tabuzone erklärte Schlafzimmer auch wieder zu einem Abenteuerspielplatz voller Geheimnisse.

Was mag der Vater wohl in seinem Nachtschränkchen verstecken (oder bloß dort vergessen haben)? Der familienbewußte Hausmann ist insgeheim auch immer ein *adventure-game*-Planer und richtet das Schlafzimmer entsprechend ein.

Das Wohnzimmer

Sollten Sie ein ganz durchschnittlicher Mann gewesen sein, bevor Sie Hausmann wurden, werden Sie das Wohnzimmer noch in guter Erinnerung haben. Sie saßen bestimmt im Sessel vor dem Fernseher und ließen sich von Ihrer Frau oder Ihrer Mutter das Bier, die Chips und die Pantoffeln bringen. Da Sie aber mittlerweile die Seite gewechselt haben, sind Sie jetzt derjenige, der bedienen muß und der sich den ganzen Abend die Füße wund läuft.

Wahrscheinlich betreten Sie tagsüber das Wohnzimmer nur noch zum Staubsaugen oder zum Wischen der Fensterbänke. Ansonsten haben Sie so viel im Haushalt zu tun, daß Sie nie die Zeit finden, sich mal für ein paar Minuten ins Wohnzimmer vor den Fernseher zu setzen. Dabei halten Sie sich immer vor Augen, daß Sie das alles aus Liebe tun. Entweder aus Liebe zu Ihrer Frau oder aus Liebe zu Ihrem Haushalt.

Es sei denn, Sie gehörten auch schon früher zu den Zeitgenossen, die von der Glotze magisch angezogen wurden und selbst bei einem Wasserrohrbruch nicht aus dem bequemen Sessel kamen. Dann birgt das Wohnzimmer eine ständige Gefahr in sich. Die Gefahr des Faulenzens.

Man gesellt sich, ohne nachzudenken, zu den Kindern, die gerade Trickfilmstunde gucken, und in der Zwischenzeit bleibt die Bügelwäsche liegen. Im schlimmsten Fall ist sogar das Essen noch nicht fertig, wenn die Ehefrau nach Hause kommt. Dann muß man sich schon eine gute Ausrede einfallen lassen, sonst ist man schneller geschieden, als man „...aber Liebling..." sagen kann.

Betrachtet man das Wohnzimmer vom Standpunkt eines liebenden Hausmanns, stellt es eigentlich nur einen großen Störfaktor dar. Entweder hält es einen von der Arbeit ab, weil man selber vor dem

Fernseher sitzt, oder es macht Arbeit, weil man es saubermachen und in Ordnung halten muß. Und außerdem hindert es den Rest der Familie daran, sich auch mal nützlich zu machen, weil bestimmt alle gerade fernsehen, wenn sie mal gebraucht werden.

Ein Hausstands-Koordinator versucht deshalb gleich nach Übernahme des Jobs diese Situation in den Griff zu bekommen. Die Frau mag ja die Brötchen verdienen, aber in puncto Organisation kann sie dem Hausmann nicht das Wasser reichen, höchstens mal das Heftpflaster!

Um den ungebremsten Fernsehkonsum der Kinder einzudämmen, oder um nicht selber in Versuchung zu kommen, wird jede Steckdose mit einer Zeitschaltuhr versehen, die nach einer halben Stunde den Saft abdreht, und sei die Sendung noch so spannend.

Eine äußerst wirksame Maßnahme, die dem Hausmann besonders in den Anfangstagen hilft, ein normales Verhältnis zu seinem Wohnzimmer zu entwickeln. Nur die Kinder maulen bestimmt etwas, aber dafür kann man sie mit einer ganzen Woche Spaghetti im Ristorante Papa wieder fröhlich stimmen.

HAUSHALTSGERÄTE

Der Kühlschrank

Kühlschränke in der Werbung, wo sie offenbar meist zur Aufbewahrung (und Kühlung?) heißer Männersocken verwendet werden, und Kühlschränke in der Küchenrealität haben kaum etwas gemein. Allenfalls für Junggesellen mit Eß- und Schlafplatz im Büro bietet die Werbung für den Kühlschrank daheim einige brauchbare Anregungen.

Wem ein passables Schuhregal fehlt, wer seine heißen Videos begehrlichen Blicken entziehen möchte oder wer seine Romeo-Gigli-Seidenhemden vor dem beißenden Zugriff des Tageslichts schützen möchte, der sollte sich aus dem Kreise seiner ländlichen Verwandtschaft einen dieser alten Boliden sichern. Ist die Reinigungsphase abgeschlossen (und da sollte sich niemand täuschen: sie ist erst nach Wochen abgeschlossen!), wird so ein alter Bosch oder Opel(!) zum verläßlichen Partner im Single-Heim.

Im Standardfall ist der Kühlschrank zunächst einmal zu klein. Und ist der Haushalt schlecht organisiert, dann wäre auch in zwei Kühlschränken sofort kein Platz mehr, ließe man allen Mitglieder des Haushalts freien Lauf.

Keineswegs ein Einzelfall ist die Geschichte, die einem guten Freund einmal passierte: Er kam am frühen Abend von der Arbeit nach Hause, die Familie war komplett ausgeflogen, und er versuchte, sich aus den im übervollen Kühlschrank befindlichen Halbfertigprodukten und Resten ein Abendessen zusammenzustellen. Unter den Eßwaren befand sich auch ein Stück Aal, das seiner Ansicht nach dringend nach einem Klecks Remouladensauce verlangte.

Beim Durchstöbern der Fächer und Klappen in der Kühlschranktür stieß er auch auf eine Tube, deren Beschriftung schon etwas verwittert war, die ihm aber ganz den Eindruck vermittelte, fündig geworden zu sein.

Die leicht teigige und ranzige, an den Geschmack von Auberginen erinnernde Komponente war wohl zu bemerken, doch dachte sich mein Freund nicht viel dabei.

Am nächsten Morgen sprach ihn seine Frau etwas verwundert an: „Sag mal, Hubert, nimmst du jetzt auch von meiner selbstgemachten Augenfältchencreme? Und dann gleich solche Mengen!?“

Vor zehn Jahren, und in hausmännerfeindlichen Büchern, wäre beim Thema Kühlschrank unweigerlich das Stichwort „Abtauen“ gefallen. Dazu hätten böse Zungen endlose Berichte darüber geliefert, mit welchen Werkzeugen ungehobelte Männer in kürzester Zeit riesige Löcher in die Kühlschrankwände gehackt hätten – beim Versuch, das abtauunwillige Eis aus dem Tiefkühlfach zu entfernen.

Seit jedoch Hausmänner zu einem Wirtschaftsfaktor ersten Ranges geworden sind, hat die Industrie sich umstellen müssen, weshalb auch die bösen Zungen zum Schweigen verurteilt sind, denn selbstverständlich gibt es in Haushalten, die von Männern regiert werden, nur automatisch abtauende Kühlschränke.

Der elektrische Dosenöffner

Nichts ist so überflüssig wie der elektrische Dosenöffner. Erstens kann ein richtiger Mann eine Blechbüchse auch mit Muskelkraft öffnen. Zweitens stehen Konserven aus Blechbüchsen schon längst auf der schwarzen Liste eines umwelt- und gesundheitsbewußten Haushalts. Und drittens ist so ein Gerät mit hundertprozentiger Sicherheit (es sei denn, Sie wollten diese Behauptung vor Zeugen beweisen) immer dann unauffindbar, wenn es doch einmal benötigt wird.

Aber es gibt noch eine andere Seite. Leider haben Hausmänner nicht selten ein Faible für Technik und betrachten den elektrischen Dosenöffner als eine der Spitzenleistungen der technisch-wissenschaftlichen Revolution, über die sie ins Schwärmen geraten können.

Jahrzehntelang brach man sich die Fingernägel ab oder holte sich Schnittwunden beim Öffnen von Konserven, doch dank moderner Technik ist das nun vorbei. Die unnötige Stromverschwendung, ganz zu schweigen vom Anschaffungspreis, spielt dagegen eine untergeordnete Rolle.

Im Hinterkopf haben sie natürlich, daß man den Dosenöffner auch zum Zerschneiden von Schweißblechen fürs Auto verwenden kann. Damit schaffen sie dann Probleme, die sie als Hausmänner wiederum nur schockiert zur Kenntnis nehmen können: Der elektrische Dosenöffner, aus der Garage zurückgekehrt, schartig, verrostet und verwarzt, taugt nach seiner gewaltsamen Entfremdung nicht einmal mehr zur Öffnung eines Döschens Tomatenpürree.

Der Staubsauger

Moderne Vakuumtechnik für die Wohnung, superleise bei maximaler Saugkraft. Das verspricht uns die Werbung in immer rosigeren Farben. Der Staubsauger ist dennoch nicht das erste Haushaltsgerät, das man sich anschafft, sondern kommt erst nach der Wasch- und Kaffeemaschine und ist demzufolge das wohl am häufigsten ausgeliehene Utensil zur Wohnungspflege.

Frisch in den Stand eines Hausmannes geratene Männer sehen in den ersten Wochen ihres neuen Daseins einfach keinen Grund, sich sofort einen Staubsauger zuzulegen. Der freundliche Nachbar oder die Nachbarin besitzen schließlich einen, und alle zwei Wochen kann man ihn sich ruhig mal ausleihen, ohne ihnen auf die Nerven zu gehen.

Früher oder später schafft allerdings auch ein Mann sich einen an.

Dann muß es selbstverständlich immer das neueste Modell sein. Dafür sorgen schon die Kinder, die einen Staubsauger in einem unbeaufsichtigten Moment binnen kürzester Zeit zerlegen können. Wie sie das machen, ist selbst dem Servicetechniker der Herstellerfirma ein Rätsel. Er benötigt dazu jedenfalls mehrere Stunden, so daß die Reparatur die Anschaffungskosten übersteigt.

Die technischen Grundlagen zur Beherrschung eines Staubsaugers sind speziell von Männern schnell erlernt. Ob Turbo-Gangstufe oder Mikrofeinfilter, die jeweiligen Eigenarten seines Saugers beherrscht ein Hausmann sofort aus dem FF.

Was für ihn zählt und womit er sich länger beschäftigen kann, das ist die Erweiterbarkeit des Geräts. Ein Staubsauger, der nur mit einem zweiteiligen, zusammensteckbaren Rohr und drei mickrigen Düsen ausgeliefert wird, erweckt sofort sein Mißtrauen, sofern nicht ein dicker Katalog mit Zusatzgeräten, alternativen Anschlüssen, austauschbaren Filtertypen und ähnlichem mitgeliefert wird. Wie soll ein Wohnzimmer jemals gründlich gesaugt werden, wenn nicht mindestens eine Teppichdüse, eine Polsterdüse, eine Bücherdüse, zwei Gardinendüsen (für die festen und für die feinen Stoffe), eine Fußleistendüse und eine Düse mit Bürste für glatte Flächen zur Verfügung stehen? Ohne diese Mindestausstattung fängt ein Hausmann gewöhnlich erst gar nicht an zu saugen, denn halbe Sachen haßt er wie die Pest.

Die Küchenwaage

Besonders bei kleinen Kindern sind Küchenwaagen äußerst beliebt. Sie können mit ihnen so schön ihre Spielsachen abwiegen und auch überprüfen, ob sie selber einige Gramm zugelegt haben. Vor allem letzteres überstehen die Waagen selten, denn ursprünglich sind sie für ganz andere Gewichtsklassen ausgelegt. Das allerdings ist nicht ganz so furchtbar, denn ein Systemwechsel war schon seit längerer Zeit angesagt, die Waage übermittelte ihre Daten noch analog, mittels eines Zeigers auf einer halbrunden Skala. Die Digitaltechnik hält seit einiger Zeit auch in der Küche verstärkt Einzug.

Veraltete Technik wird von Männern in ihrer Küche nicht geduldet, weshalb einer digitalen Waage unbedingt der Vorzug gegeben wird, auch wenn sie aussieht wie ein Topf auf einer Streichholzschachtel. Aber was man auf ihnen alles wiegen kann! Die entwickeltsten Modelle können alles verkraften, von der Prise Salz bis zum Bootsanhänger mit und ohne Boot.

Die Prise Salz bleibt dennoch ein Problem, das gerade viele ordnungsbewußte Hausmänner in die Verzweiflung treibt. Wie groß soll die in Kochbüchern ohne weitere Spezifikationen angegebene Prise eigentlich sein? Zwischen 0,2 Gramm und 5 Gramm paßt alles zwischen zwei Finger – warum steht dann in den Rezepten nicht: „Würzen Sie mit 2,6 Gramm Jodsalz und mit 0,4 Gramm feingemahlenem schwarzen Pfeffer“?

Wer noch nicht durch alle Vorhöllen der Gewürzmagie gegangen ist, der benötigt präzise Angaben. Nur Genies mit hoher weißer Mütze können es sich leisten, aus dem Handgelenk zu würzen – und gerade die tun das meist nicht, schon aus ökonomischen Gründen und um der Qualitätssicherung willen.

Die Spülmaschine

Seit die Palmolive-Werbung Spülhände zu einem unverzeihlichen persönlichen Makel erklärt hat, kann es sich kein Hausmann mehr leisten, seinen Abwasch selber per Hand zu erledigen. Was er bei seiner Frau noch als selbstverständlich empfand, wird unter seinem Küchenregiment indiskutabel.

Leider gehen der Anschaffung einer Spülmaschine oft Diskussionen und Kräche voraus. So etwas ist aber eine natürliche Begleiterscheinung von gesellschaftlichen Umbrüchen – das alte Regime besteht darauf, es sei nicht alles schlecht gewesen, was es getan habe, und das neue tritt mit radikaler, unverbrauchter Frische an. Singles unter den Hausmännern haben es bei Innovationen deshalb leichter. Den einzigen, den sie um Erlaubnis fragen müssen, ist ihr Bankangestellter.

Für einige Hausmänner ergibt sich die Notwendigkeit der Anschaffung einer Spülmaschine allerdings nicht zwangsläufig. Das Spülen (vom Tellerwäscher zum Millionär!) ist ein Grundvorgang unseres demokratischen Gemeinwesens. Um der Familie zu zeigen, daß der Haushalt kein Selbstbedienungsladen ist und jedes Mitglied als Rädchen oder Schräubchen im großen Plan des Haushalts-Vordenkers und Cheforganisators fungiert, eignet sich eine streng organisierte Abwaschordnung bestens. Die Idee, eine Spülmaschine anzuschaffen, darf nur vor hohen Festtagen vorgetragen werden und wird beim Vorliegen auch nur kleinster Unstimmigkeiten im Ablauf der Haushaltsorganisation vom Hausfürsten kategorisch abgelehnt.

Die Mikrowelle

Eine der genialen Erfindungen unseres ausgehenden 20. Jahrhunderts ist zweifellos die Mikrowelle. Erst durch sie ist es Millionen von Männern möglich geworden, das Joch der ewigen Unterdrükkung durch die Ehefrau abzuwerfen und im eigenen Haushalt die Führung zu übernehmen.

Die moderne Hochfrequenztechnik in der Küche inspiriert viele Männer zu ungeahnten Aktivitäten. Die große Reichweite der Mikrowelle ausnutzend (immerhin weiter als UKW), bauen sie einen Mikrowellensender und versorgen sämtliche Hausmänner der Stadt mit heißer Musik und noch heißeren Rezepten.

Der enorme Lustgewinn beim Kochen entsteht nicht nur durch die rasante Geschwindigkeit, mit der die Speisen garen, sondern auch noch durch die automatische Musikberieselung, vorausgesetzt Sie haben einen Mikrowellenempfänger in Ihrer Küche.

In letzter Zeit ist die Mikrowelle allerdings ins Gerede gekommen. Sie könne Krebs auslösen, heißt es. Darüber lachen wahre Hausmänner aber nur. Ein gewisses Berufsrisiko hatten sie früher im Büro auch, als die ersten Computerterminals eingeführt wurden und sie gleichzeitig mit Röntgenstrahlen, langwelligen Emissionen und Bromid-Ausdünstungen attackierten.

Nach der Durchsetzung ergonomischer Normen und vieler Schutzvorrichtungen machen jetzt Frauen die Bildschirmarbeit und Männer stürzen sich auf einen der letzten Freiplätze unserer Zivilisation, der Risiko und Abenteuer verspricht: den Küchenarbeitsplatz zu Hause.

Die Brotschneidemaschine

Irgendwann nach dem ersten Weltkrieg, als es kaum etwas zu essen gab, da wurden Brote noch aus Sägemehl gemacht. Dies verhalf dem Brot zu ungeahnter Härte. Mit einem normalen Brotmesser war ihm nicht beizukommen. Darum benutzte ein pfiffiger Zeitgenosse eines Tages eine umgedrehte Kreissäge als Brotschneider, und die Brotschneidemaschine war geboren.

Viele der heutigen Modelle sind so monströs, daß man leicht wieder auf die umgekehrte Idee kommen kann und eine Brotschneidemaschine zum Zersägen von Brettern und Dielen verwendet.

Die Universal-Küchenmaschine

Mit der Universal-Küchenmaschine haben Sie als Hausmann eigentlich alles, was Sie brauchen. Das Präfix „Universal" drückt das sehr treffend aus.

Die Kontaktaufnahme zu diesem Wunder der Technik gestaltet sich allerdings häufig doch recht schwierig. Die Universalmaschine ist eine eigenwillige Partnerin, die von ihrem Herrn und Meister viel Einfühlungsvermögen und Experimentierlust fordert, bevor sie in jeder Situation bereitwillig zu Diensten ist.

Möchte sich der Universal-Küchenmeister beispielsweise die Lektüre der Gebrauchsanweisung mit einem trockenen Martini verschönen (gerührt und nicht geschüttelt!), so kann es passieren, daß sein Glas fast trocken bleibt, sein Hemd dafür aber ziemlich naß wird.

Ein einigermaßen sicherer Tip: Rühren Sie in der ersten Woche nur klares Wasser und erproben Sie die Zerkleinerungsutensilien nicht gleich mit Spinat oder roter Bete. Die sich relativ fleckfrei zerstreuende Bleichsellerie wäre vielleicht das geeignete Gemüse für den Anfang.

Das Versprechen der universellen Einsetzbarkeit kann eine Küchenmaschine natürlich nur dann einlösen, wenn sämtliches Zubehör zur Verfügung steht. Vor allem aber heißt es: Trainieren, trainieren. Kartoffelschälen, Krabbenpulen oder Kirschen entkernen (um nur drei Aufgaben aus der K-Klasse zu nennen) läßt sich die Maschine erst abtrotzen, wenn eine gewisse Meisterschaft beim Hirsebreiwenden, beim Inkrustieren und beim Joghurtstechen erreicht ist. Der Anwender sollte sich daher in kleinen, bedächtigen Schritten an größere Aufgaben heranarbeiten.

Eine große Hilfe für Hausmänner mit Universal-Küchenmaschinen sind die Schwarzen Bretter in den Supermärkten. „Wie schaffe ich es, meinen Pizzateig blasenfrei zu kneten?", liest man dort etwa, oder: „Wer hat Tips zum rationellen Austernöffnen?"

Nutzen Sie diese Kommunikationsmöglichkeiten – und seien Sie getröstet: Hunderttausende von Hausmännern gehen den gleichen mühsamen Weg wie Sie. Werfen Sie daher Ihr Universalgerät nicht gleich in die Mülltonne, wenn Ihnen wieder etwas mißlingt. Erfreuen Sie sich der kleinen Fortschritte, verschaffen Sie sich Erfolgserlebnisse: Apfelmus, Ananasstücke oder ausgehöhlte Avocados sind doch schöne Resultate, derer Sie sich nicht zu schämen brauchen.

Die Kaffeemaschine

Kaffeemaschinen kennt der Hausmann meist aus seiner früheren Existenz bzw. seinem jetzigen Nebenerwerb, aus dem Büro. Dort sind die Kaffeemaschinen aber fest in den Händen des weiblichen Personals, und ihre Standorte sind die Zentren der innerbetrieblichen Kommunikation.

Den kritischen Hausmann hat immer schon gestört, daß ein so menschenverbindendes und energiespendendes Ritual wie das Kaffeetrinken unter Hinzuziehung einer Maschine ausgeübt wird. Zuhause hat er nun die Chance, den Weg zurück zur Natur zu gehen: Selber rösten, selber mahlen, selber aufbrühen – und selber den Kaffeesatz in den Ausguß spucken.

Kaffee und Koriander, Kaffee und Kakao, Kaffee und Cointreau: der Genuß läßt sich steigern, und keine dieser Optionen kann eine ordinäre, zischende Kaffeemaschine bieten. Wenn der kritische Hausmann einen Kaffeeklatsch vorbereitet, überrascht er jedesmal mit einer neuen Zusammenstellung, einer neuen kleinen Geschmackssensation. Oft ist es diese Fähigkeit, die auch Ex-Hausmännern erhalten bleibt (ja, solche Existenzen gibt es auch, das Hausmann-Dasein ist keine Einbahnstraße). „Den Kaffee macht mein Männe, das läßt er sich nicht nehmen, Maschinen lehnt er ab", sagt seine Frau dann in die Feiertagsrunde, wenn die Gäste dem ersten Schluck ein anerkennendes Lippenschürzen folgen lassen.

Die Fritöse

Fritösen sind in der Regel hübsche Geschöpfe. Der durchschnittliche Mann kann bei ihnen allerdings leicht ins Fettnäpfchen treten oder sich die Finger verbrennen. Dem still und zurückgezogen in seiner Küche werkelnden Hausmann bieten Fritösen oft heiße Erlebnisse und zeigen sich von ihrer knusprigen Seite. Der Hausmann aber bleibt immer Gentleman: er genießt und schweigt.

BERÜHMTE HAUSMÄNNER DER GESCHICHTE

Martin Luther

Von Kindesbeinen an mußte Klein-Martin seiner Mutter im Haushalt helfen. Wie allen Kindern paßte ihm das ganz und gar nicht. Viel lieber wollte er draußen mit den anderen spielen. Obwohl Martin keine besondere Schulbildung besaß, wurde ihm klar, daß Kinderarbeit nicht gut für die Entwicklung sei. So begann er zehn Thesen aufzustellen, die er sogleich seiner Mutter vorlas. Die schallende Ohrfeige, die er daraufhin bekam, ließ ihn für Tage auf einem Ohr taub werden.

Mit den Jahren wurden es immer mehr Thesen, so daß es schließlich 95 waren. Diese nagelte er, inzwischen zum Mönch geworden, an die Kirchenpforte zu Wittenberg und sorgte damit für großes Aufsehen. Von den Kindern geliebt und den Müttern gehaßt, wurde er schließlich zum großen Reformator, als der er heute bekannt ist.

Leif Erikson

Der Entdecker der Neuzeit war der Wikinger Leif Erikson. Er machte die revolutionäre Entdeckung, daß Frauen besser navigieren können als Männer, und Männer besser kochen können als Frauen. Fortan segelten die Wikingerfrauen um die Welt und die Männer blieben zu Hause und hüteten das Lagerfeuer.

Gelegentlich wurde Leif auf Schiffsreisen mitgenommen, um bei Gesellschaftsreisen vornehmer Wikingerinnen für Nahrung und

Sauberkeit zu sorgen. Bei einer dieser Reisen geriet das Langboot, auf dem die Gesellschaft unterwegs war, in Turbulenzen und landete nach einer längeren Nebelfahrt an einem unbekannten Gestade. Leif Erikson wurde ausgesandt, um von der Küste etwas anderes zu beißen zu besorgen als den ständigen Fisch, den die Damenwelt schon satt hatte.

So betrat er als erster Europäer das nordamerikanische Festland, erlegte dort aber nur einen übelschmeckenden Biber, so daß die Nordamerikaroute nicht wieder auf das Programm der isländischen Damengruppe gesetzt wurde.

Nero

Der römische Kaiser Nero war bekannt dafür, daß er ganze Nächte in seiner Palastküche verbrachte und dort ein göttliches Menu nach dem anderen erfand. War ihm einer der kaiserlichen Hofköche beim Assistieren zu aufdringlich, dann ließ er ihn mit der seitdem zum geflügelten Wort gewordenen Bemerkung „Viele Köche verderben den Brei“ den Löwen im Colosseum zum Fraß vorwerfen.

Sein Berater Petronius, den er selbst offen bewunderte, war als maßstabsetzender Kritiker in allen Lebensfragen eine Art Superkombination von Knigge, Robespierre und Reich-Ranicki. Weil Petronius eines Tages Gefallen an dem jungen griechischen Hilfskoch Basileus Saricacos fand und ihn vor Übergriffen Neros und den Löwen schützen wollte, dekretierte er eines Nachts, als er Nero beim Abtrocknen der kristallenen Dessertschalen half: „Einem Imperator des Reiches der Sinne kommt es zu, den Schlachtplan für eine Orgie auf Pergament zu entwerfen, das niedere Reich der Küche selbst aber überlasse er den Frauen, Sklaven und Schaben.“

Er verstand es, in seine Äußerungen eine solche Bestimmtheit zu legen, daß Nero nicht einmal nachzufragen wagte, warum Petronius zu dieser Auffassung gelangt sei. Er hielt sich an dessen Regel, und so gab es für Jahrhunderte am römischen Hof keinen aktiven Hausmann mehr.

Albert Einstein

Der geniale Physiker war und ist allen Chaotikern ein Vorbild. Seine Leidenschaft für alles Komplizierte ließ seine Frau schier verzweifeln. Die berühmte pandämonische Unordnung seines Arbeitszimmers, durch die mannigfache Krümmungen der Raumzeit verursacht wurden, setzte sich auch in der Küche fort.

Nicht umsonst entwickelte er dort die weltberühmte Relativitätstheorie. Jene Theorie besagt: Die Zeit, die bis zur Pilzbildung auf liegengelassenen Weißbrotscheiben vergeht, ist abhängig von der Bewegung des Hausmanns im Raum.

Wie sehr den Chaos-Praktiker Einstein der Haushalt inspirierte, kann man daran erkennen, daß er quasi im Vorbeigehen die Ther-

modynamik bewies. Die Grundlage jeder Ordnung ist nämlich das Chaos, und jede Ordnung ist der erste Schritt in neuerliches Chaos.

Einsteins mexikanische Haushälterin bestätigte dann auch den verblüfften Mitgliedern des Nobelpreiskomitees, daß es ihr bei allem Aufräumen in Einsteins Wohnung immer nur wieder gelungen sei, eine neue Entropie herzustellen, sozusagen das weiße Rauschen im Haushalt.

Johann Wolfgang von Goethe

Vom guten alten Goethe weiß heute jedes Kind, daß es bei ihm erst mit Vierzig bei Frauen so richtig geklappt hat. Auf der berühmten Italienreise ging es los, und dann unaufhörlich bis ins Greisenalter weiter.

In seinen voritalienischen Jahren war Goethe aber neben seiner schriftstellerischen Tätigkeit und seinen Verwaltungsaufgaben selten untätig gewesen. Nie sah man ihn in den Wirtshäusern mit anderen Junggesellen und Hagestolzen zusammenstehen und beim

Schoppen Wein über die Weibsbilder lästern. Goethe war statt dessen zu Hause in der Küche und profilierte dort seine Kochkunst. Dabei stand er in heftiger Konkurrenz zu seiner Nachbarin, Frau von Stein, die sich rühmte, die üppigste Küche und den erlesensten Weinkeller ganz Mitteldeutschlands zu führen.

Goethe, dessen Ehrgeiz keine Grenzen kannte, wollte sie überbieten und ging sogar zum Schein ein nahezu intimes Verhältnis zu Frau von Stein ein, über das damals viel gerätselt wurde. Ihm ging es nur darum, die Freifrau auszuhorchen und die besten Rezepte und Tricks seinem eigenen Küchenrepertoire einzuverleiben.

Endlich war es dann so weit. Goethe rüstete sich mit einer der damals aufkommenden transportablen Reiseküchen aus und fuhr über den Brenner gen Italien. Dort war er imstande, jede beliebige schöne Frau jederzeit mit einem köstlichen und betörenden Mahl zu verführen.

Damals standen die Frauen genau wie heute auf Hausmänner. Da Goethe nun wußte, daß an seinem Angebot nichts, aber auch gar nichts auszusetzen war, konnte er sich auch dem Genuß der weiblichen Reize hingeben. In seinem autobiographischen Roman „Wilhelm Meisters Lehr- und Wanderjahre“ findet sich allerdings nicht der kleinste Hinweis auf die Notwendigkeit, nicht nur die Qualifikationen eines Handwerkers oder eines Gelehrten zu erwerben, sondern vor allem auch die eines Hausmanns.

Der alte Schelm war doch ein wenig betrübt darüber, daß seine Ausbildungszeit als Hausmann über zwanzig Jahre gedauert hatte und wollte sich vor allem nicht über all die mißglückten Fasanenfarcen und Hefekuchen verbreiten, die ihm in seiner zugigen Weimarer Küche das Hausmannsleben teilweise zur Hölle gemacht hatten.

Gottfried von Bouillon

Der Schutzheilige aller Hausmänner, Gottfried von Bouillon, hat in seinem Leben nicht viel geleistet, bis auf die Tatsache, daß er der Gemüsebrühe ihren französischen Namen gab. Das reichte aber schon, um ihn unsterblich zu machen.

Im Haushalt war Gottfried zwar keine Leuchte, fand aber heraus, wie man einen passablen Eintopf macht und überlebte so den Dreißigjährigen Krieg.

Da in jener Zeit aufgrund der Entvölkerung weiter Landstriche nirgendwo etwas los war, stieg Gottfrieds Rotweinkonsum kontinuierlich an. Einen guten Wein konnte er sich aber nicht leisten, so daß ihm häufig ziemlich übel war und er besonders am Morgen Schwierigkeiten hatte, sein Frühstück bei sich zu behalten.

Eines Morgens versuchte er es mit einer Brühe, die bei der Zubereitung eines Eintopfs übriggeblieben war, und siehe da, ihm wurde bald besser. Er wendete dieses Rezept dann häufig an, und im Lauf der Jahre gelangte die Bouillonsche Brühe zu gewissem Ruhm nicht nur bei Trinkfreudigen.

Robin Hood

Der Rächer der Enterbten war im Mittelalter bei den Angelsachsen besonders beliebt. In seiner Großküche im Sherwood Forest bereitete er mit seiner Crew täglich die früheste überlieferte Armenspeisung zu. Und das mit den Zutaten, die er bei den reichen Pfeffersäkken stehlen konnte. Diese preßten mit Duldung des stellvertretenden Königs John das Land aus wie eine Zitrone.

König Richard Löwenherz wurde unterdessen von Raubrittern im österreichischen Krems festgehalten und mußte täglich stundenlang den Balladen seines französischen Sängers Blondel zuhören.

Als nach vielen Jahren endlich das Lösegeld in Krems einging und Richard nach England zurückkehren konnte, eilte er zunächst in den Sherwood Forest, um an einer der ebenso frugalen wie köstlichen Mahlzeiten des findigen Robin teilnehmen zu können, deren Ruf ihm schon auf seiner Heimreise bis Augsburg entgegengeeilt war.

Auf den Thron zurückgekehrt, machte er Robin Hood zu seinem Haushofmeister und ließ sich Küche und Keller von ihm bis zu seinem seligen Ende bestens organisieren.

Leonardo da Vinci

Der große Gelehrte und Renaissancemensch entdeckte zur allgemeinen Überraschung, daß weichgekochte Eier viel besser schmekken als hartgekochte.

Das rätselhafte Lächeln der von ihm als Mona Lisa verewigten Nachbarin wird sehr schnell verständlich, wenn man weiß, daß er allen Menschen, die in sein Atelier kamen, zuerst ein wunderbar weich gekochtes Ei servierte, bevor auch nur ein Wort gewechselt wurde. Leonardo war ein praktischer Geist, dem immer wieder etwas Neues einfiel, wenn er eine Weile in der Küche herumpusselte oder Gemüse putzte.

Verschiedene Eierbecher und Eierhalter, eine Spaghettiwickelmaschine und Konservierungsvorschläge für Tomatensaucen sind uns überliefert.

Christoph Kolumbus

Auch beim alten Christobal spielte ein Ei eine wichtige Rolle. Als nämlich der Schiffskoch auf der Santa Maria an Eiervergiftung starb, mußte Kolumbus selbst die Kombüse übernehmen. Das ist ihm nicht weiter schwer gefallen, denn als Junggeselle hatte er auch an Land schon seinen Haushalt selbst geführt. Später behauptete man, es sei das Ei des Kolumbus gewesen, daß den Smutje umgebracht hatte.

Durch die Doppelbelastung waren Pannen natürlich vorprogrammiert. Kolumbus wickelte eines Tages die Stullen für seine

Männer statt in Butterbrotpapier in seine Seekarten ein, wodurch diese so in Mitleidenschaft gezogen wurden, daß darauf fast nichts mehr zu erkennen war. Deshalb irrten seine drei Schiffe quer über die Weltmeere, und anstatt in Indien anzukommen, entdeckte er aus Versehen Amerika.

Dschingis Khan

Der ehrwürdige Menschenschlächter Dschingis Khan soll nicht nur vierzig Frauen, sondern darüber hinaus 7000 Kinder gehabt haben. Da ist der Job als Hausmann natürlich ungleich schwerer. Stellen Sie sich einmal vor, während die vierzig Frauen arbeiten gingen, damals nannte man das Brandschatzen und Massakrieren so, mußte der arme Dschingis die 7000 Kinder wickeln und dann auch noch die Windeln waschen. Unvorstellbar für einen Mann? Nicht so für den alten Dschingis Khan.

Wie gesagt, er war ein besonderer Mann. Er wußte schon, warum er so viele Kinder in die Welt setzte. Schließlich brauchte er jede Menge Soldaten für seine Kriege, die er noch führen wollte. Die mongolische Windelwickelmethode wird noch heute auf der ganzen Welt bestaunt, ebenso wie die von Dschingis nebenbei erfundenen 111 Arten, eine Serviette zu falten.

Winston Churchill

Der britische Premierminister, den man auf allen Fotos nur mit Zigarre im Mund sieht, schrieb 1945 in sein Tagebuch: „Als ich hörte, daß der Krieg aus ist, ließ ich glatt meine Spiegeleier anbrennen!"

Diesen Satz von weltpolitischer Tragweite deuteten Historiker als endgültigen Beweis dafür, daß Winston Churchills politisches Handeln von seiner Leidenschaft für den eigenen Haushalt nicht zu trennen war.

Der energische Draufgänger und frühere Marineminister konnte noch bei Windstärke 8 in einer engen Kombüse einen absolut symmetrischen Plumpudding auf die Platte zaubern, ohne dabei auch nur für eine Sekunde seine Zigarre ausgehen zu lassen.

Dokumentarisch noch nicht völlig bewiesen ist der Bericht, wonach Churchill die Invasion in Frankreich davon abhängig machte, ob ihm sein Hefekuchen sitzenblieb oder nicht.

Rasputin

Rasputin war Russe und dazu noch orthodox. Er roch ständig intensiv nach Sperma und war bei den Damen der russischen Gesellschaft äußerst beliebt. Weitere Markenzeichen waren seine Mönchskutte und sein unmenschlicher Appetit. Er konnte immer und überall essen.

Auf seinen Reisen durch das Land fand er immer wieder wohlhabende Menschen, die ihm ihre Gastfreundschaft und ihre Speisekammer anboten. Konnte er sich nicht durch Wunderheilungen und astrologische Voraussagen hervortun, so wählte er den Weg durch die Küche. Dort machte er sich für Tage zum uneingeschränkten Herrscher über alle Lebensmittel, Getränke und Küchenmädchen.

Die von ihm auf die Tafel gezauberten Schlemmereien begeisterten die altrussische Aristokratie so sehr, daß Rasputin oft reich beschenkt von dannen zog, natürlich nicht, ohne der Dame des Hauses noch eine nächtliche Aufwartung gemacht zu haben.

Er war auch einer der wichtigsten Ratgeber des Zarenhofs. Diesen machte er durch die von ihm inszenierten Gelage so bettelarm, daß die Aktionen des Anführers einer linken asketischen Sekte, Lenin, genügten, um ihn auf den Komposthaufen der Geschichte zu befördern.

Josef Stalin

Der despotische Josef Wissarionowitsch Stalin war im Grunde seines Herzens ein Nostalgiker und Gourmet. Zeit seines Lebens, trotz aller Zwangskollektivierungen, Schauprozesse und vaterländischen Kriege, verfolgte ihn eine Idee: An seinem eigenen Herd noch einmal den Geschmack herbeizuzaubern, der ihm 1916 in Eriwan bei einem Gelage im Hafen den Gaumen gekitzelt hatte.

Damals hatte er mit der spontanen Kreation eines Gerichts aus Haselhuhnschenkeln mit Ananasstücken in der Kochecke eines konspirativen Treffs die versammelten Genossen erfreut. Die Ananas hatte ein revolutionärer Matrose vom Panzerkreuzer Potemkin mitgebracht und das Haselhuhn der Genosse Trotzki, der seine Reisen als Kommissar der im Untergrund wühlenden Roten Armee gelegentlich mit solch dekadenten Vergnügungen wie der Jagd auf Wildhühner anreicherte.

Dem kommunistischen Dichter Majakowski, der diesem Treffen auch beiwohnte, gab dieses Gericht einen derart poetischen Elan, daß er spontan die unsterblichen Zeilen dichtete: „Friß Ananas, Bürger, und Haselhuhn / Bald wirst du den letzten Seufzer tun!"

Josef Wissarionowitsch, der ein leidenschaftlicher Hausmann war, versuchte bis zu seinem Tode im Jahre 1953 immer wieder den einzigartigen Geschmack dieses Gerichts auf den Teller zu zaubern, doch es gelang ihm nie.

Wie seine Tochter Swetlana später amerikanischen Journalisten berichtete, probierte er es mit allen erdenklichen Kombinationen. So lud er 1949 den Sieger des chinesischen Volksbefreiungskrieges Mao Tse-tung zu einem Gelage mit Birkhuhn und Melone in seine Privatgemächer im Kreml.

Vorsitzender Mao war von dem Gericht sehr angetan und verteidigte Stalin auch nach dem Bruch zwischen China und der Sowjetunion als guten und ideenreichen Koch, während ihm zu Chruschtschow nur das Stichwort „Bohnenquark" einfiel.

In allen späteren Jahren fehlte es in Rußland entweder an Ananas oder an Haselhühnern. Nur einmal, 1951 bei einer Landwirtschaftsausstellung in Krasnogorsk, war beides vorhanden. Doch während sich Stalin an einem Stand der Moldawischen Sowjetrepublik zwei gerupfte Haselhühner in eine alte Ausgabe der Iswestija einschlagen ließ und seinen treuen Molotow ausschickte, um in den anderen Teilen der Halle nach Ananas zu suchen, ritt den jungen Vizeminister für Agarproduktion, Nikita Sergejewitsch Chruschtschow, der Teufel, als er am Obsttresen der Aserbeidschanischen Autonomen Republik eine ihm unbekannte große und stachlige grüngelbe Frucht entdeckte.

„Wolln mal sehen, wie der Bulle damit zurechtkommt", rief er aus und warf sie einem weißrussischen Zuchtbullen zum Kosten vor. Weg war sie, der Bulle stampfte vor Entzücken mit den Vorderhufen, aber zerstoben war damit auch Stalins letzte Hoffnung auf Erlösung von dem köstlich-quälenden Druck der Erinnerung an einen einmaligen Genuß.

Humphrey Bogart

Der gute alte Humphy ist durch den einzigen Kochfilm Hollywoods berühmt geworden: „Casa blanca“, was übersetzt soviel wie „sauberes Haus“ heißt. Unvergessen die Szene, wo er dem zu schlachtenden Huhn gegenübersteht und den Satz: „Ich schau dir in die Augen, Kleines“ losläßt, bevor er ihm den Hals umdreht. Ja, so war er. Seine Partnerinnen kochte er regelmäßig an die Wand, weshalb so nach und nach keine mehr bereit war, mit ihm zu spielen.

Robert Lembke

Der nette alte Herr, den man fünfundzwanzig Jahre lang montags im Fernsehen sah, war Hausmann und nur nebenberuflich Quizmaster. Da er nicht wollte, daß man um seine Person und seinen damals noch recht seltenen und exotisch wirkenden Beruf ein Spektakel veranstaltete, lud er auch nie einen anderen Hausmann in seine Sendung ein.

In der Öffentlichkeit trat er immer als der souveräne Schweinezüchter auf und später, nach der zweiten Herztransplantation seines Foxl bei Professor Barnard in Kapstadt, auch als Leiter einer Haustiervermittlungsagentur. Er blieb aber Vegetarier und amüsierte sich beim Mohrrübenraspeln vor dem Küchenfernseher oft über die hilflosen Versuche seiner Kollegen, mit dem zehnfachen Aufwand eine auch nur halb so erfolgreiche Sendung wie sein Quiz auf die Beine zu stellen.

Joseph Beuys

Im Haushalt des Joseph Beuys kam es immer wieder zu Streitereien, wer denn nun das Sagen in der Küche hätte. Beuys oder seine Frau? Die bot ihren freiwilligen Rücktritt an, wenn er unter Beweis stellen könnte, daß er beim Backen eines Kuchens zu einer solchen Meisterschaft fähig sei wie beim Zeichnen eines Kuchens.

Beuys konnte diese Attacke auf seine Qualifikation als ganzheitlicher Kuchengestalter nicht auf sich sitzen lassen und übte nachts in der Kantine der Düsseldorfer Kunsthochschule häufig das Kuchenbacken. Als er mehrere Eigenkreationen, darunter eine Erdbeer-Joghurt-Creme-Torte mit in Honig gerösteten Walnüssen, bis zur Perfektion gebracht hatte, lud er zum Sonntagnachmittagskaffee Gäste in sein Haus ein, begab sich in die Küche und begann mit den Vorbereitungen für seine Torte.

An diesem Nachmittag ging jedoch alles schief. Joseph Beuys verhakte sich mit einer der vielen Taschen seiner Anglerweste an der Türklinke der Küchentür, fiel dabei seitlich gegen die Wand und beschmierte diese mit dem Pfund Margarine, das er gerade in der Hand hielt. Voller Wut warf er auch noch ein Glas Honig hinterher und beobachtete stumm, zusammen mit seinen herbeieilenden erschreckten Gästen, wie sich Fett und Honig zu einer glibbrigen, trägen Masse vereinigten.

Als sich die Aufregung gelegt hatte, befanden einige Kunstkenner, daß er soeben das erste nichtgegenständliche ökologische Kunstwerk geschaffen habe. Beuys war von dieser Idee von Stund an fasziniert und produzierte viele Werke aus Materialien, die er in der Speisekammer und im Kühlschrank vorfand.

Seine Frau bestand nicht auf der Fortsetzung ihres Streites, sondern schlug einen salomonischen Kompromiß vor: Aus den Verkaufserlösen einer der ersten Fett-Honig-Ecken wurde angebaut und einfach eine zweite Küche eingerichtet.

DIE UNVERMEIDLICHEN TÄTIGKEITEN IM HAUSHALT

Backen

In jedem Mann steckt ein Bäcker, das wird schon im Sandkasten deutlich. Damals, in jüngsten Jahren, fertigte wohl jeder zukünftige Hausmann die schmackhaftesten Törtchen und Küchlein an, mit so erlesenen Zutaten wie Sand, Spucke, Kieselsteinchen und Grashalmen. Die noch kleinere Schwester bekam zwar immer einen Schreikrampf, nachdem sie das Backwerk probiert hatte, am Kuchen konnte das aber nicht liegen, war er doch mit Liebe zubereitet.

Wieso sollte das Backen Jahre später im eigenen Haushalt schwieriger sein? Daß Frauen mit der Teigrolle nichts Zweckdienliches anzufangen wissen, das erfahren wir seit Jahrzehnten aus zahllosen Abbildungen, in denen die Rolle auf alle möglichen Objekte praktiziert wird, aber nie auf Teig.

Männer dagegen wissen, daß Kneten und immer wieder Kneten, das entschlossene Ausrollen im richtigen Moment und das gleichmäßige Bestäuben mit Mehl Erfolgsbedingungen für den gelungenen Hefekuchen oder auch eine Pizza sind. Und wenn einmal einem zunächst wunderbar aufgegangenen Kuchen (durch die Scheibe der Backofentür war es wunderbar zu sehen – und leider wurde wieder versäumt, ein Foto zu machen) am Ende doch die Luft ausgeht, dann wissen Hausmänner besser als jeder andere genauestens zu erklären, woran das in diesem Fall gelegen hat: die besonderen Strömungsverhältnisse im Backofen sind bei Neumond sehr ungünstig; die Tochter hat in der heiklen Abkühlungsphase ihr Fahrrad in den Keller gestellt und damit Zugluft im ganzen Haus verursacht; die

Nachbarn haben durch ihren elektrischen Rasenmäher das Stromnetz zu sehr belastet und finale Temperaturschwankungen verursacht.

Die Backstunden in der Konditorei Papa sind jedenfalls viel unterhaltsamer, als sie bei der Großmutter jemals waren.

Putzen allgemein

Der Erfolg handwerklicher Arbeiten ist enscheidend durch das Werkzeug bedingt. Ohne Kräne und Betonmischer lassen sich keine Hochhäuser hochziehen, ohne passenden Schraubendreher keine Schrauben eindrehen und ohne Textverarbeitungsprogramm keine Bücher schreiben. Bestimmte Dinge lassen sich generell nur mit bestimmtem Werkzeug tun, sonst sollte man überhaupt die Finger davon lassen. Das gilt auch für die werkzeugintensivste Seite der Hausarbeit, das Putzen. Professionelles Werkzeug ist teuer, aber wer einmal eine Arbeit damit getan hat, tut sie auf keine andere Weise mehr. Wer zum Beispiel einmal mit einem bürotauglichen 3000-Watt-Staubsauger die Flusen und Krümel vom Boden gezogen hat, der faßt ein gängiges Modell nicht mehr an, auch wenn es anheimelnde Namen wie Vampyr oder Vampyrette trägt. Daß solche Supersauger einen regelmäßigen Tribut in Form einzelner Socken, von Kleingeld, Schmuck und gelegentlich kleinere Teppiche einziehen, ist in gewisser Weise akzeptabel; jedenfalls erkennt ein echter Hausmann eine solide Leistung auch an und nimmt solche Opfer in Kauf.

Nie wird man im Haushalt eines rational planenden Hausmannes einen abgewetzten Besen mit lockerem Stiel finden oder eine durchgebogene Kehrschaufel. Das Wischlappensortiment ist reichhaltig und schließt Kratzeschwämme verschiedener Härtegrade ein. Die unterschiedlichsten Putzmittel, die immer wieder auf ihre ökologische Unbedenklichkeit hin gecheckt werden, stehen in Reih' und Glied in der Abstellkammer, und auch für neue Eimer und Behälter wird regelmäßig gesorgt.

Bei der Organisation von Putztagen offenbaren sich zwei Kategorien von Hausmännern: Diejenigen, die ihre Familie an einem Putztag mit Einkaufsgeld, Kinokarten und regionalem Veranstaltungskalender versehen, um dann im Haushalt ungestört endlich einmal alles gründlich auf den Kopf zu stellen, und diejenigen, die sich nach Bekanntgabe eines akribisch ausgearbeiteten Putzplans selbst in ein Vergnügungszentrum oder den nächstgelegenen Baumarkt begeben, um die Familie bei dieser Aktion nicht zu stören.

Wie das Putzen angelegt wird, ob als Daueraufgabe mit täglichem Einsatz oder als gelegentlicher Großeinsatz, darüber entscheidet die Mentalität des Mannes. Prinzipiell neigen Männer in strategischen Fragen, und um eine solche handelt es sich beim Kampf gegen Staub und Schmutz, entweder zu einer Bunkermentalität oder zu einer Blitzkriegmentalität.

Der Bunkermann findet immer noch einen Klecks, eine staubige Ritze, einen beschlagenen Griff, und hält seine Familie permanent mit Einzelaufträgen in Trab, um sich schrittweise einem perfekten Zustand anzunähern, der aufgrund unserer Unvollkommenheit sowie der Gemeinheit der erdatmosphärischen Bedingungen doch leider nie erreicht wird.

Der Blitzkrieger hingegen beläßt die Schmutzkrusten und Spinnwebecken tage-, sogar wochenlang in einem ahnungslosen friedvollen Dasein, um dann mit aller Brutalität und Konsequenz rücksichtslos sämtliche Oberflächen in einen kurzfristig chemisch reinen Zustand zu versetzen. Bei ihm wird nicht gekleckert, sondern geklotzt, und mancher Staubfänger, den sich der nostalgische Bunkertyp wieder und wieder zur detaillierten Reinigung vornimmt, wird vom Blitzkrieger der Stadtreinigung zur Entsorgung übergeben.

Naßraumsanierung

Ein harmloses Wort für eine ernste Sache. Naßräume sind alle Räume mit funktionierendem Wasseranschluß – obwohl sie manchmal noch nasser sind, wenn er nicht richtig funktioniert. Also zum Beispiel das Badezimmer, die Toilette oder die Waschküche. In einer durchschnittlichen Wohnung gibt es heute oft nur einen Naßraum, und zwar das Badezimmer mit der Toilette drin. Oft steht dort auch die Waschmaschine.

Wer einmal sein Badezimmer mehrere Wochen nicht saubergemacht hat, weiß, warum ich hier von Sanierung spreche. Mit simpler Wischerei ist den vielfältigen Keimen, Pilzen und Algen nicht beizukommen: Wenn ein Mann sich schon den Aufgaben des Lebens stellt, dann mit Bedacht und Gummihandschuhen.

Das Merkwürdige an den Naßräumen ist, daß sie nur auf den ersten Blick glatte, leicht abwaschbare Flächen aufweisen. Der zweite Blick lehrt, daß es wohl kaum einen Raum in der Wohnung gibt, der so viele Ecken, Winkel und Nischen hat wie das Badezimmer, und darunter noch viele unzugängliche.

Wie zum Beispiel sollen die fettigen Staubflusen hinter und unter der Waschmaschine entfernt werden, wenn nicht diese Maschine unter Anwendung herkulischer Kräfte selbst um mehr als ihr Breiten- oder Längenmaß verschoben wird. Wenn auf dem Sanierungsplan die Reinigung des Flusensiebes erst nach der Entfernung des Fettstaubes vermerkt ist – und solche Fehler machen einsatzwillige Hausmänner anfangs öfter –, muß die Maschine mit Sicherheit ein zweites Mal verschoben werden, um die stark waschmittelgesättigte, blaugrün schillernde Pfütze unter der Maschine trockenlegen zu können.

Was ist schlimmer? Der Kalkansatz in den Ritzen der Schiebetüren der Duschkabine oder der oft nicht völlig geruchsneutrale Belag auf dem Duschvorhang? Viele Hausmänner geraten über diese Fragestellung in Verzweiflung. Es kann vorkommen, daß sie in zwanzig Dienstjahren schon vier oder fünf Systemwechsel vorgenommen haben (Schiebetür – Vorhang – Schiebetür – Vorhang ...), aber nie eine befriedigende hygienische Lösung fanden. Die schweigende Mehrheit der Waschraumsanierer hat sich in diesem Punkt längst dem Fatalismus anheimgegeben: So oder so, nach einem Jahr muß das Ding raus, sagen sie sich, und beschränken sich auf Oberflächenkosmetik wie der Schlauchreinigung nach dem Einsprühen mit einem Glasreiniger. Nach einer derart erfolgreichen Naßraumsanierung fühlt sich der neuzeitliche Hausmann jedenfalls wie einstmals Herakles nach der Säuberung des Augiasstalles.

Bügeln

Als Kind hat man der Mutter immer gern dabei zugeschaut, die Ehefrau machte es meist, während der Sportschau und bügelte eine Falte in den Kragen, wenn ein Tor fiel. Heute hat endlich der Hausmann das Bügeln wieder übernommen und fragt sich, wie er es jemals zulassen konnte, daß eine fremde Person seine Hemden oder sonstige Wäsche unter das Eisen nahm.

Als Herr am Bügelbrett beschränkt er sich natürlich nicht nur auf die einseitige Beschäftigung des Plätteisenschwenkens. Den Telefonhörer ans Ohr geklemmt, den Fernseher eingeschaltet – endlich mal die Chance, ein Formel-I-Rennen ungekürzt von Start bis Ziel verfolgen zu können – und die gerade kreierte Cocktailmischung in Reichweite auf der Fensterbank: So fühlt sich der Hausmann wohl und am Weltgeschehen beteiligt. Daß er keine Knickfältchen in den Kragen bügelt, versteht sich bei seiner Gründlichkeit von selbst. Nur wenn mal wieder das Bügeleisen mit dem Cocktailglas kollidiert, weil der Telefonhörer verrutscht ist, hadert er mit seinem Schicksal.

Staubsaugerbeutel wechseln

Zu den am meisten unterschätzten Tätigkeiten im Haushalt gehört das Wechseln eines Staubsaugerbeutels. Bei Single-Haushalten passiert das so selten, daß man es leicht vergißt, die dazu nötigen Handgriffe neu erlernt und immer wieder falschmacht. Bei peniblen Hausmännern kommt das Staubsaugerbeutelwechseln allerdings häufiger vor, da sie alle zwei Tage durch die Wohnung saugen.

Das Umrüsten seiner differenzierten Hochleistungsmaschine verlangt echten deutschen Ingenieursgeist. „Öffnen Sie die Klappe, unter der sich der Staubsaugerbeutel befindet." So die Gebrauchsanweisung. Dem Hausmann zum Hohn, denn bei der windkanalgeprüften turboschlüpfrigen Form des 1400-W-Teppichboliden ist nicht der geringste Anschein einer Klappe zu entdecken. Nach 20 Minuten intensiven Drehens und Wendens springt mit einem Mal tatsächlich eine Klappe auf – leider hat der zünftige Saubermann aller Bodenbeläge gar nicht bemerkt, wie er das bewerkstelligt hat. Mit einigem Gezerre kann er nun den Beutel entfernen: Sicherungsbügel umlegen, an der Papplasche ziehen – und schon steigt die unvermeidliche Staubwolke auf wie bei einer Vampyrette aus den fünfziger Jahren.

Der Beutel wird nun von allen Seiten erkundet, da sich auf ihm eine wichtige Botschaft befindet: seine Kennziffer. „Aha, 9M", sagt sich der Mann, und notiert diesen Code auf einem Zettel. Bei der in den nächsten Tagen folgenden Tour durch die Warenhäuser und Haushaltsgeschäfte der Stadt erfährt er, daß derzeit 239 verschiedene Staubsaugerbeutelgrößen auf dem Markt sind, und wöchentlich neue hinzukommen. In einer etwas altertümlichen Drogerie findet er endlich die ersehnte Packung 9M.

Zuhause allerdings traut er seinen Augen nicht: Schon auf den ersten Blick ist zu erkennen, daß das achteckige 9M-Format unmöglich in das strenge Rechteck seines Saugers hineinpaßt. Sollte es solche Streuungen innerhalb der Norm geben? Glücklicherweise erinnert er sich an eine Nachbarin, die die biedere Standard-Version seines getunten Modells besitzt und ihm dann auch bereitwillig mit Standard-Beuteln aushilft – W6, überall zu haben.

Fenster putzen

Keine Gelegenheit läßt der Hausmann aus, um sein akrobatisches Talent zu beweisen. Da ist der Fensterputz eine besondere Herausforderung. Von innen ist das Fensterputzen für den Hausmann kein Thema, das überläßt er entweder seiner Frau, wenn sie von der Arbeit kommt, oder er erklärt die Fenster einfach für nicht verschmutzt.

Leider sind moderne Fenster alle nach innen zu öffnen, was der artistisch ambitionierte Hausmann tunlichst vermeidet. Statt dessen schwingt er sich auf die Fassade und erklimmt den Fenstersims von außen, in der linken Hand den Wischlappen, den Eimer Wasser zwischen den Zähnen.

Es dauert nicht lange, da haben sich einige schaulustige Passanten unten auf der Straße versammelt. Das spornt den Fensterputzer erst richtig an. Die Leute glauben an einen Selbstmörder, der unter Putzzwang steht. Der Hausmann oben glaubt an eine Menge begeisterter Zuschauer, die ob seiner akrobatischen Kletterleistung schier aus dem Häuschen sind.

Unten rufen sie: „nicht springen – nicht springen“, oben kommt nur „Zugabe – Zugabe“ an. Erst als die Feuerwehr anrückt und der Mann auf der Leiter ihm den Eimer wegnimmt, wird dem Fensterputzer schwindelig. Seine Frau öffnet das Fenster, und der Hausmann klettert wohlbehalten ins Haus. Unten klatschen sie den Feuerwehrleuten Beifall, und oben verbeugt sich der Fensterputzer vor seinem Publikum!

Hausmannskost

Zu den Lieblingstätigkeiten im Haushalt gehört für Männer das Kochen. Dabei können sie ihrer Kreativität freien Lauf lassen, stundenlang rühren und abschmecken, bis sie's nicht mehr riechen können. Das erste Gebot ist auch hier: Weg mit den alten Töpfen und Tiegeln! Neues muß her.

Aber nicht irgendein Geschirr, sondern ein ganz bestimmtes, eines, das für den jeweiligen Einsatzzweck die optimalen Voraussetzungen bietet. So wird selbst das Braten eines Spiegeleis zum Hochgenuß. Jedenfalls für den Hausmann. Auf Zuschauer und Zuschauerinnen wirkt sein Tun hingegen eher chaotisch und abschreckend. Manche halten es sogar für besser, sich von ihm und der Küche gänzlich fern zu halten. Auch nach einer exakt geplanten Essenszubereitung sieht die Küche aus, als sei der Kinderladen von nebenan darin abgefüttert worden. Dabei hat der gute Mann nur eine Fünf-Minuten-Terrine in der Mikrowelle warmgemacht. Warum er dazu alle verfügbaren Löffel, Messer und Gabeln einsauen mußte, bleibt sein Geheimnis.

Abwaschen

Wenn es ans Abwaschen geht, will wieder keiner das schmutzige Geschirr gebraucht haben. Frau und Kinder haben Wichtigeres und vor allem Dringlicheres zu tun. Da ist nichts zu machen, der Abwasch bleibt wie immer am Mann hängen.

Dieser fährt gut, wenn er konsequent eine Regel befolgt: Gründlich eingeweicht ist so gut wie abgewaschen. Die letztliche Reinigung ist dann eigentlich nicht mehr der Rede wert – oder bald Sache der Spülmaschine.

Abtrocknen

Nichts haßt ein Hausmann üblicherweise mehr als Abtrocknen. Schon als Kind ließ man immer der älteren Schwester den Vortritt. Mit diesem beharrlich feuchten Tuch die noch nasseren Teller, Tassen und Töpfe abzuwischen, erschien einem schon immer widersinnig.

Für den up to date befindlichen Hausmann ist diese Misere allerdings eine Herausforderung. Seit er sich als Knabe in unbeaufsichtigten Momenten seiner Küchenpflicht durch ein viertelstündiges Befönen der locker im Abwaschkorb aufgestellten Geschirrteile entledigte, fasziniert ihn die Idee, die in der Küche produzierten thermischen Ströme zur rechten Zeit auf das Abgewaschene zu lenken. Außerdem die lieben alten Gewohnheiten zugunsten eines effektiven Energieverbrauchs einmal infrage zu stellen.

Könnte nicht bei Benutzung der Mikrowelle gleich abgewaschenes Geschirr mitgetrocknet werden – oder während des Kochens im Backofen?

Da das den Geräten meist weniger gut bekommt, bleibt zumindest eine praktikable Variante, sofern sich die Waschmaschine ebenfalls in der Küche befindet. Einfach zugleich eine 60- oder 95-Grad-Wäsche erledigen und den Abwaschkorb dabei auf die Waschmaschine abstellen.

Herd reinigen

Selbst der modernste Herd hat nach längerem Gebrauch eine Reinigung nötig. Zentimeterdicke Fettschichten, eingetrocknete Essensreste und übergelaufenes Kartoffelwasser bilden eine dicke Kruste.

Oft widersetzt sich die gemeine, harte und klebrige Schmutzschicht lange den mechanischen oder chemischen Attacken seines Bekämpfers. Der ist hinterher fast pflegebedürftig und klagt noch nach Tagen über Muskelkater in den Armen.

Beim verdienten Nachtschlaf nach einer solchen Aktion erscheint ihm im Traum die Lösung: bakterielle Kriegführung! Unter Zuhilfenahme einer fettfressenden, unsichtbaren und für Menschen völlig harmlosen Reinigungsbakterie wird mit dem Problem der unerwünschten Fettkruste endgültig Schluß gemacht. Im praktischen Bakterienspender könnten diese Helfer der Menschheit in jedem Supermarkt erhältlich sein. Leider hat er beim Aufwachen vergessen, wie diese Bakterien heißen.

HAUSMÄNNER: VORLIEBEN UND VARIANTEN

Es gibt so viele Hausmännertypen, wie es Hausmänner gibt. Ob der eine eher ein Melancholiker oder ein Hysteriker, der andere eher ein Sozialarbeiter oder ein Dandy ist, das stellt sich seiner Mitwelt bekanntlich im Scheine der Küchenlampe um so kontrastreicher dar. Wir wollen hier nur kurz anreißen, welche beachtenswerte Seiten der männlichen Persönlicheit die Haushaltsführung manchmal nach außen kehrt.

Der Zaghafte

Soll er oder soll er nicht? Der zaghafte Mann kann sich nur schwer entscheiden. Und wenn er sich endlich entschieden hat, macht er alles ganz vorsichtig. Beim ersten Kontakt mit dem Elektroherd wird erst einmal nur eine Platte angestellt, und die auf die niedrigste Stufe. Schließlich will man ja nicht riskieren, daß einem die Sicherungen um die Ohren fliegen. Nur zaghaft wagt er sich an andere Küchenmaschinen heran, immer darauf bedacht, nichts falsch oder kaputt zu machen.

Seine ersten selbst zubereiteten Mahlzeiten schmecken nach nichts, weil er mit sämtlichen Gewürzen einfach zu zaghaft umgegangen ist. Salz und Pfeffer kennt er zwar, aber deren Wirkung auf gekochte Speisen ist eben nicht zu unterschätzen, weshalb er sich erst an das richtige Mischungsverhältnis herantastet. Schlimm bloß, wenn Frau oder Freundin anschließend beim Essen energisch zum Salzstreuer greift.

Mit dem Putzen ist es auch so eine Sache. Töpfe und Pfannen sind dermaßen empfindlich, daß der zaghafte Hausmann sich nur widerwillig an den Abwasch macht. Ganz vorsichtig versucht er zunächst ohne Spülmittel (es könnte ja die Pfannenbeschichtung angreifen) das Fett abzuwischen. Da das nicht klappt, kommt nun doch ein Tröpfchen Spüli hinzu, was die Sache langsam ins Rollen bringt. Vom ersten Erfolg ermutigt, nimmt der zaghafte Hausmann sodann auch den Schwamm zur Hand und beginnt den Pfannenboden sachte abzureiben. So nach und nach wird der Haushalt aber schließlich doch zur Routine, und der zaghafte Mann beginnt allmählich, sich etwas zuzutrauen.

Der Unerschrockene

Unerschrockene Menschen, speziell Männer, gibt es nur im Job? Weit gefehlt. Gerade im Haushalt sind sie sehr verbreitet. Solche, die alles ausprobieren müssen, die sich an jede noch so komplizierte

Waschmaschine herantrauen und die Unterhaltung mit erfahrenen Hausfrauen nicht scheuen. Denen machen sie erst einmal klar, daß es nichts gibt, was es nicht gibt, besonders nicht im Haushalt. Den Schmutzrand in der Badewanne in Nullkommanichts entfernen? Die eigenhändige Reparatur des tropfenden Wasserhahns? Frauen wenden sich dabei mit Grausen ab, der unerschrockene Hausmann kennt keine Grenzen.

Die Unerschrockenheit bestimmt aber generell seinen Lebensablauf. Schon die Frage seiner Frau kurz nach der Hochzeit, wer denn jetzt für den Haushalt zuständig sei, konnte ihn nicht schocken, wie vielleicht manch anderen. Ihm war klar, daß er mit äußerster Unerschrockenheit die Haushaltsplanung übernehmen würde, was könnte ihm auch schon passieren?

Diese Frage wird sich aber erfahrungsgemäß in den ersten Wochen seines Hausmännerdaseins beantworten, denn: dem Unerschrockenen kann alles passieren! Beim Rühren des Kuchenteigs gerät er mit dem Zeigefinger zwischen die Rührstäbe. Nach der eigenhändigen Reinigung der Etagenheizung muß der Installateur gerufen werden, weil der Brenner plötzlich nicht mehr anspringt.

Naturgemäß ist die Ehefrau von der Unerschrockenheit ihres Hausmannes alles andere als begeistert. Im Beruf würde er ihr die innovativsten Vorschläge unterbreiten, zu Hause aber stürzt er alles ins Chaos.

Der Hausstauballergiker

Von allen Hausmännern ist der Hausstauballergiker am ärmsten dran. Er kann nicht, wie normale Männer, morgens in sein voll klimatisiertes Büro flüchten und so wenigstens tagsüber dem lästigen Staub entgehen, während seine Frau ihm schutzlos ausgeliefert ist. Schon nach dem Frühstück fängt sein Martyrium an. Entweder ist einmal die Woche Hausputz für die ganze Wohnung angesagt, oder jeden Tag ein anderes Zimmer. In jedem Fall hat der dabei aufgewirbelte Staub für ihn verheerende Wirkung. Da hilft nur eine Putzfrau. Dieser Gedanke ist dem Hausmann allerdings sehr zuwider, schließlich hat man auch seinen Stolz und möchte nicht wegen so einer Lappalie seinen Haushalt in fremde Hände geben. Es sähe so aus, als würde er seinen Haushalt nicht allein bewältigen können. Deshalb beißt er lieber die Zähne zusammen und freut sich jedesmal darauf, wenn das Badezimmer an der Reihe ist. Dort gibt es nämlich keinen Hausstaub, weil es keinen Teppich besitzt.

Die Sache mit dem Bad bringt ihn schließlich auf eine Idee: Wie wäre es denn, wenn er aus allen Zimmern den Teppichboden rausreißt und entweder Parkett oder Fliesen in der ganzen Wohnung verlegt? Gesagt, getan. In einer gewaltigen Hauruck-Aktion wird die Wohnung zur Baustelle gemacht. Kosten und Mühen spielen keine Rolle, bis auch der letzte Rest Teppich verbannt ist. Daß dabei sämtlicher Staub, den es in der Wohnung überhaupt gibt, aufgewirbelt wird, allerdings ein letztes Mal!, muß einfach in Kauf genommen werden.

Der Kantinenesser

Solche Hausmänner sind wirklich zu bemitleiden. Kantinenesser haben es schwer, nicht nur im Beruf, denn eigentlich würden sie sich viel lieber dem Haushalt widmen, sondern auch zu Hause, denn da kommen sie zu nichts, weil sie am nächsten Morgen ja um acht Uhr wieder zur Arbeit müssen.

Die Natur der Sache bringt es mit sich, daß kantinenessende Hausmänner meistens allein leben, denn die Doppelbelastung von Beruf und Mehrpersonenhaushalt würden sie sich niemals zumuten.

Dafür folgen sie der Devise: Mache alles gründlich oder lasse es lieber gleich bleiben!

Dank der Qualität der meisten Kantinen ist damit ihre weitere Lebensbahn vorgezeichnet: Mehr und mehr lassen sie alles bleiben und bekämpfen die Symptome des überreichlichen Cholesterinverzehrs.

Der Sinnliche

Sinnesfreuden machen erst das Leben aus, das wird Ihnen jeder sinnliche Mensch bestätigen. Und wenn es sich dabei um einen Hausmann handelt, gilt dies um so mehr. Jede Arbeit, die im Haushalt anfällt, reizt schließlich irgendwelche Sinne. Deshalb ist der Hausmann auf seine fünf Sinne besonders stolz und hegt und pflegt sie mit Hingabe.

Seiner Familie will er es immer besonders nett machen, weshalb er im ganzen Haus Duftstövchen verteilt hat, die die Räume mit Rosen- Lavendel- und Orangenduft einnebeln.

Dem Dackel ist davon zwar so übel geworden, daß er in Pflege gegeben werden mußte, aber Hunde sind ohnehin für sinnliche Hausmänner nicht der richtige Umgang. Wenn es schon ein Haustier sein muß, dann eine Katze. Mit ihren geschmeidigen Bewegungen, der Anmut, mit der sie die Tapeten von den Wänden kratzt, entspricht sie bei weitem mehr der eigenen Lebensauffassung.

Nachdem Frau und Kinder morgens aus dem Haus sind, nimmt der sinnliche Mann gerne ein stundenlanges Vollbad und hört dazu klassische Musik. Auch Singles haben die Sektflasche im Bad stets griffbereit, wenn sie zu den Sinnlichen gehören. So viel Sinnlichkeit spiegelt sich natürlich auch im Sexualleben eines Hausmannes wider, der es ohne große Mühe versteht, neue Bekanntschaften zu betören und ihnen den erotischen Flair des heimischen Badepalastes nahezubringen. An Menschen, die mit beiden Beinen auf dem Boden stehen, rauscht die Botschaft der Sinnlichen allerdings gewöhnlich vorbei.

Der Traditionalist

Es hat noch niemandem geschadet – mit dieser Eröffnung beginnen seine Kernsprüche und Maximen. Mit dem Haushalt verbindet ihn mehr als nur eine flüchtige Beziehung. Daß er sich bis ins hohe Alter immer gerade hält, hat er schließlich einem Besenstiel zu verdanken, den ihm sein Vater hinten ins Wams steckte und mit dem er monatelang herumlaufen mußte.

Alles ist möglich, wenn es nur vernünftig organisiert wird. Die Organisationsqualitäten eines geborenen Blockwarts kommen besonders in größeren Familienverbänden, bei feierlichen Anlässen und in Krisensituationen, also im Urlaub, zur Geltung.

Der Softie

Nach dem Sozialpädagogik-Studium wechselt der Softie meist nahtlos in den Job des Hausmanns über. Bei der heutigen Arbeitslage ist in der freien Wirtschaft ohnehin nicht viel zu machen, und in den örtlichen Kneipen und Kaschemmen reißt nur auf, wer finanziell gut dasteht.

In einer Selbsterfahrungsgruppe für Männer tankt er wöchentlich zweimal die Energie auf, die er braucht, um das stressige Leben zwischen Kochtopf und Kloputzen zu überstehen. Vom ehemaligen Einkaufsleiter eines internationalen japanischen Herstellers bis zum pensionierten Obermeister einer Sondereinsatzgruppe der Landespolizei reicht das Spektrum seiner Tat- und Leidensgenossen. In diesem Kreis fühlt sich der Softie verstanden, kann er sich doch mal richtig austauschen über Tips zur Vermeidung von Achselnässe (Petersilie oral und lokal), den günstigen Einkauf von Baumwollhemden und ökologisch unbedenklichen Putzmitteln.

Der Tierfreund

Daß Tierfreunde sanfte Menschen sind, glauben viele. Wenn Sie schon mal eine Wohnung betreten haben, in der ein Tierfreund mit seinen drei Katzen, zwei Schäferhunden und einem Pudel wohnt, wissen Sie, wovon ich rede. Jede Bewegung im Flur, jedes Klingelzeichen wird vom Pudel erst mit lautem Jaulen kommentiert, dann von den Schäferhunden mit markerschütterndem Gebell weitergeleitet, die Katzen übernehmen mit gereiztem Fauchen und der Tierfreund brüllt zum Schluß ein donnerndes: „Ruhe!" durch die Wohnung. Dieser Anschlag auf die Gehörnerven dauert in der Regel eine Minute, so daß sich der Besucher vor Schreck meist davonmacht.

In der Wohnung eines Tierfreundes haben Menschen oft das Gefühl, völlig fehl am Platz zu sein. Dort bitte nicht hinsetzen, das ist der Hundesessel, die Putenschnitzel sind ungewürzt, das ist besser für die Miezekatze, das ohrenbetäubende Geschrei des Papageis muß bei der Unterhaltung ertragen werden, denn Poldi unterhält sich eben gern mal mit Menschen.

Hier drängt sich eine eher philosophische Frage auf: Ist der Haus-

mann der Herr des Haushalts oder ist er vielmehr der erste und willigste Diener seiner Mitbewohner? Die Frage zu stellen heißt aber eigentlich schon, sie zu beantworten: Ein Hausmann, der sein selbstgewähltes Ministeramt als einsamen Herrscherposten mißversteht, wird in seinem Tätigkeitsfeld keine positiven Erlebnisse haben. Die unmittelbare Teilnahme am Leben der anderen ist es ja gerade, was die Hausmänner dieser Welt zu glücklichen Menschen macht. Und diese verständnisvolle Teilnahme fängt bei unseren tierischen Hausgenossen an.

Der Meisterkoch

Einem Meisterkoch bei der Arbeit zuzuschauen ist ein wahres Vergnügen. Hier kann jeder Hausmann noch was lernen. Ein Meisterkoch hat es nämlich nicht nötig, sich in seiner Küche mit der modernsten Technik zu umgeben, nur um bei seinen Gästen Eindruck zu schinden. Er kocht mit Intuition und viel handwerklichem Können, weshalb er auch keine Kochbücher braucht.

Das Einzige, was ein Meisterkoch benötigt, ist Personal. Hat er welches, kann er sich auf seine eigentliche Stärke zurückziehen: Noch besser als im Improvisieren ist er nämlich im Kommentieren.

„Mal sehen, wie Du das jetzt anstellst“, sagt er beispielsweise zu seiner an das Wasserbad kommandierten Schwägerin, die mühsam per Hand eine Zabaione rührt und schlägt – und schon ahnt, daß es ihr nicht wie ihm im Handumdrehen gelingen wird, aus diesem bißchen zäher Flüssigkeit einen wunderbar leichten Schaum herzustellen.

Der Putzteufel

Schon an der fast kahlen Fußmatte läßt sich erkennen, mit welcher Intensität und Ausdauer selbst Besucher ihre Schuhe putzen müssen, bevor sie seine Wohnung betreten dürfen. Befolgen die Gäste überdies den Spruch auf der Matte „Schuhe vor der Matte ausziehen!“ müßte man annehmen, daß die Wohnung gar nicht dreckig werden kann. Objektiv betrachtet ist die Wohnung auch sauber, aber sagen Sie das mal einem Putzteufel. Für ihn reicht es nicht, von seiner Bratpfanne die Teflon-Beschichtung abzuscheuern, um sicher zu sein, daß sie sauber ist.

Weil bei einigen Geräten das Reinigen sehr schwierig ist, zerlegt er sie in handliche Einzelteile. Das können bis zu 1000 Teile sein, die alle gründlich gereinigt und anschließend wieder ordentlich zusammengesetzt werden.

Schmutzige Wäsche läßt er nie länger als einen Tag in seiner Wohnung liegen. Gleich rein in die Waschmaschine und abends anmachen, egal wieviel Wäsche angefallen ist. Daß das vielleicht nicht der beste Weg ist, hat er gemerkt, als er seine Maschine mit einem Paar Socken und 1200 Umdrehungen im Schleudergang hindern mußte, das Badezimmer zu verlassen.

Bei der Wohnungseinrichtung hat er, um weitere Schäden zu vermeiden, pflegeleichte Stücke angeschafft.

Richtig sympathisch macht sich der Putzmann bei seinen Gästen, wenn er ihnen mit seinem Staubsauger auf Schritt und Tritt hinterherläuft. Meist hat er einen Wischlappen in der Hand und ein Trokkentuch über dem Arm und beseitigt kleine und kleinste Flecken auf dem Wohnzimmertisch oder auf den Stuhllehnen. Sein eigentliches Reich aber sind Küche und Bad. In diesen Räumen kann er ganze Tage verbringen und immer etwas wischen, polieren, wegräumen, umräumen sowie beriechen und befühlen.

DIE KATASTROPHEN

Kein Hausschlüssel dabei

Das wünschten Sie bisher nur Ihrem schlimmsten Nachbarn: Sie stehen im Bademantel vor der Tür, um die Zeitung zu holen, plötzlich macht es Rumms und die Haustür ist ins Schloß gefallen. Nun lassen Sie dabei noch keine Panik aufkommen, aber wenn der gezielte Griff in die Manteltasche ins Leere geht, erblassen Sie wahrscheinlich doch. Der Hausschlüssel befindet sich nämlich in Ihrer Küche am Schlüsselhaken, wo er auch hingehört.

Wildes Hin- und Herrennen bringt jetzt gar nichts, es heißt einen kühlen Kopf bewahren. Schlaue Füchse unter den Hausmännern haben für solche Fälle immer einen Ersatzschlüssel bei einem vertrauenswürdigen Freund oder wenn es sein muß, auch bei einem Nachbarn in einem versiegelten Umschlag hinterlegt. Die Peinlichkeit ist in dem Fall am geringsten, vorausgesetzt, der Nachbar oder Freund ist zu Hause. Nur einige Hausbewohner werden sich wundern, daß sie mittags noch im Bademantel anzutreffen sind.

Haben Sie aber nicht vorgesorgt, dann steht ihnen der Gang nach Canossa bevor. Sie müssen sich nun im Bademantel auf die Straße begeben, denn Murphys Gesetz besagt, daß in einem solchen Fall keiner der Nachbarn zu Hause ist, der ihnen einen Unterschlupf, einen Dietrich oder ein Telefon zur Verfügung stellen würde.

Sie können in einer solchen Situation aber auch Ihre sozialen und kreativen Seiten ins Spiel bringen. Klingeln Sie bei wildfremden Menschen in Ihrer Wohngegend und teilen Sie der Ihnen öffnenden Dame freudestrahlend mit: „Guten Morgen, ich habe mich entschlossen, heute bei Ihnen zu baden. Ich nehme Tee zum Frühstück und zwei Eier im Glas." Sind Sie ein versierter Jammerlappen, können Sie es auch mit der Tour: „Helfen Sie mir, ich bin von Einbrechern in meiner Wohnung überfallen worden!“ probieren. Eine dritte Variante wäre noch: „Bitte, ist hier nicht die Sauna?“

So oder so müssen sie sich aber den hämisch-forschenden Blicken irgendwelcher Helfer stellen, die früher oder später Ihr Türschloß oder die ganze Tür bearbeiten und Sie zurück in Ihr trautes Heim geleiten. – Typisch Hausmann, sagen Ihnen diese Blicke, nichts auf der Pfanne und technisch total unterbelichtet.

Essen angebrannt

Das kann dem besten Hausmann passieren. Man kocht ein schönes Ragout Fin und das Telefon klingelt. Man begibt sich ins Wohnzimmer und hält ein kleines Schwätzchen, denn es ist Karl, der Hausmann von nebenan. Nach einigen Minuten, bei gut gedämmten Türen auch etwas später, bemerkt man die ersten komischen Gerüche, die aus der Küche kommen, und schlagartig wird einem klar, daß man das Fleisch auf der höchsten Stufe auf dem Herd gelassen hat. Der schnelle Hechtsprung nützt da wenig, denn das Fleisch hat sich bereits in Kohlenstoff verwandelt.

Nachdem man die verbrannten Stellen abgeschnitten hat, bleibt meistens nur noch ein Häppchen übrig, außerdem hat sich der Brandgeruch in die Poren gesogen, so daß auch der letzte Rest ungenießbar geworden ist. Schlimmer noch ist aber der Topf in Mitleidenschaft gezogen worden. Die empfindliche Teflonbeschichtung hat sich leicht wellig vom Boden gelöst, ein Grund mehr, ihn mitsamt dem Fleisch wegzuschmeißen.

Statistisch gesehen werden die meisten Fehlalarme bei den Feuerwehren durch das Überkochen und Verbrennen von Milch, Grießbrei oder Milchreis ausgelöst. Und da meint man immer, nur Flambieren könnte gefährlich werden!

Damenbesuch

So angenehm einem alleinlebenden Hausmann in mancher Hinsicht der Besuch der neuen Freundin, einer guten Bekannten oder gar der lieben Mutter auch ist – der Sex, die Unterhaltung und die Versorgung mit mildem Zuspruch und dem Lieblingskuchen der Kindheit sind nicht alles im Leben eines Mannes. Er hat auch seinen Alltag, und dieser wiederum seine vielen kleinen Winkel und Schlupflöcher, die es einfach geben muß, damit man die Seele in den eigenen vier Wänden einmal baumeln lassen kann.

Doch was der Mann als schützendes Schlupfloch für seine Seele empfindet, ist für die aus Freundin oder Mutter bestehende Invasorentruppe feindliches Territorium, das gnadenlos bekämpft wird.

Sei es, daß die Mutter gleich nach dem Ablegen des Mantels und der Kuchentüte den Staubwedel in der Hand hält („Deine Bücher haben es aber auch wieder einmal nötig"), sei es, daß die Freundin eine auch äußerlich gut mit Patina besetzte Teekanne mit leicht angewidertem Gesichtsausdruck anfaßt – der Hausmann ist sofort in die Defensive gedrängt.

Manchmal versucht er, in einer Art von Umarmungstaktik der Gegnerin den Wind aus den Segeln zu nehmen – „Gerade vorgestern habe ich einen ganzen Stapel Küchenkataloge gewälzt, ich will jetzt Nägel mit Köpfen machen" – er kann seiner schuldhaften Verstrikkung nicht entgehen, er ist und bleibt ein Schmuddeltyp, ein Versager, der es alleine zu nichts bringen wird im Leben.

Die gängigen Abwehrmaßnahmen sind in ihrer Wirkung meist lächerlich und tragen oft zur Verschärfung der Situation bei. „Hier hast du wohl schnell noch ein bißchen aufgeräumt, aber im Bad bist du nicht mehr dazu gekommen", lautet dann die schneidende und ach so treffende Diagnose.

Auch die Verlagerung der Begegnung an einen neutralen Ort wird von Kennerinnen sofort als taktisches Manöver erkannt und ist die bei weitem ungünstigste Lösung von allen: Bei der Freundin kommt zum leisen Ekel der Verdacht, hintergangen zu werden, die Mutter sieht die innigen Blutsbande brechen. Es bleibt dem Mann nichts anderes übrig, als sich mit seiner Niederlage zu bescheiden.